On Gadamer

伽达默尔

[美] 帕特里夏·奥坦伯德·约翰逊（Patricia Otabad Johnson）◎著

何卫平◎译

清華大學出版社

北 京

北京市版权局著作权合同登记号 图字01-2018-1885号

On Gadamer
Patricia Otabad Johnson

Copyright © 2014 by Wadsworth, a part of Cengage Learning.

Original edition published by Cengage Learning. All Rights Reserved. 本书原版由圣智学习出版公司出版。
版权所有，盗印必究。

Tsinghua University Press is authorized by Cengage Learning to publish and distribute exclusively this simplified Chinese edition. This edition is authorized for sale in the People's Republic of China only (excluding Hong Kong, Macao SAR and Taiwan). Unauthorized export of this edition is a violation of the Copyright Act. No part of this publication may be reproduced or distributed by any means, or stored in a database or retrieval system, without the prior written permission of the publisher.
本书中文简体字翻译版由圣智学习出版公司授权清华大学出版社独家出版发行。此版本仅限在中华人民共和国境内（不包括中国香港、澳门特别行政区及中国台湾）销售。未经授权的本书出口将被视为违反版权法的行为。未经出版者预先书面许可，不得以任何方式复制或发行本书的任何部分。

Cengage Learning Asia Pte. Ltd.
151 Lorong Chuan, #02-08 New Tech Park, Singapore 556741

本书中文译文为中华书局许可使用。
本书封面贴有 Cengage Learning 防伪标签，无标签者不得销售。
版权所有，侵权必究。举报：010-62782989，beiqinquan@tup.tsinghua.edu.cn。

　　图书在版编目（CIP）数据

　　伽达默尔 /（美）帕特里夏·奥坦伯德·约翰逊著；何卫平译. —北京：清华大学出版社，2019
（2023.2重印）
　　（悦·读人生）
　　书名原文：On Gadamer
　　ISBN 978-7-302-52559-2

　　Ⅰ.①伽… Ⅱ.①帕…②何… Ⅲ.①伽达默尔（Gadamer, Hans-Georg 1900-2002）—哲学思想—思想评论 Ⅳ.①B516.59

　　中国版本图书馆 CIP 数据核字（2019）第 046517 号

责任编辑：刘志彬
封面设计：李召霞
责任校对：王荣静
责任印制：宋　林

出版发行：清华大学出版社
　　　　　http://www.tup.com.cn
　　　　　社　总　机：010-83470000
　　　　　投稿与读者服务：010-62776969，c-service@tup.tsinghua.edu.cn
　　　　　质量反馈：010-62772015，zhiliang@tup.tsinghua.edu.cn
　　　　　　　　　　地　　　址：北京清华大学学研大厦 A 座
　　　　　　　　　　邮　　　编：100084
　　　　　　　　　　邮　　　购：010-62786544

印　装　者：三河市铭诚印务有限公司
经　　　销：全国新华书店
开　　　本：148mm × 210mm　　印　　张：5.5　　字　　数：100 千字
版　　　次：2019 年 5 月第 1 版　　印　　次：2023 年 2 月第 2 次印刷
定　　　价：35.00 元

产品编号：077084-01

伽达默尔

汉斯－格奥尔格·伽达默尔（Hans-Georg Gadamer，1900—2002），德国哲学家。出生于教师家庭，曾从师那托普、海德格尔，1929 年后一直在马堡大学、海德堡大学等校任教。他一生都在研究对话和理解，他的教学和著述也都是在与听众的对话中展开的。著有《真理与方法》等。

伽达默尔对解释学的研究是从艺术的经验和历史的经验开始的，认为一切理解都是自我理解，强调对话对人类自我理解的重要性。认为对话和理解如果可能，是此在的一种存在方式。他对哲学解释学作出了巨大贡献。

内容简介

　　本书首先简要介绍了伽达默尔的生平经历,帮助读者了解其思想发展脉络。然后选择性地着重对其关于"哲学""艺术""历史"和"语言"等方面的思想进行了详细阐述,让读者能够了解和把握其富有启发性和包蕴性的思想。

总序

　　贺麟先生在抗战时期写道："西洋哲学之传播到中国来，实在太晚！中国哲学界缺乏先知先觉人士及早认识西洋哲学的真面目，批评地介绍到中国来，这使得中国的学术文化实在吃亏不小。"①贺麟先生主持的"西洋哲学名著翻译委员会"大力引进西方哲学，解放后商务印书馆出版的《汉译世界学术名著》的"哲学"和"政治学"系列以翻译引进西方哲学名著为主。20 世纪 80 年代以来，三联书店、上海译文出版社、华夏出版社等大力翻译出版现代西方哲学著作，这些译著改变了中国学者对西方哲

---

① 贺麟. 当代中国哲学. 上海：上海书店，1945：26.

学知之甚少的局面。但也造成新的问题：西方哲学的译著即使被译为汉语，初学者也难以理解，或难以接受。王国维先生当年发现西方哲学中"可爱者不可信，可信者不可爱"，不少读者至今仍有这样体会。比如，有读者在网上说："对于研究者来说，原著和已经成为经典的研究性著作应是最该着力的地方。但哲学也需要普及，这样的哲学普及著作对于像我这样的哲学爱好者和初学者都很有意义，起码可以避免误解，尤其是那种自以为是的误解。只是这样的书还太少，尤其是国内著作。"这些话表达出读者的迫切需求。

为了克服西方哲学的研究和普及之间的隔阂，清华大学出版社引进翻译了国际著名教育出版巨头圣智学习集团的"华兹华斯哲学家丛书"（Wadsworth Philosophers）。"华兹华斯"是高等教育教科书的系列丛书，门类齐全，"哲学家丛书"是"人文社会科学类"中"哲学系列"的一种，现已出版 88 本。这套丛书集学术性与普及性于一体，每本书作者都是研究其所论述的哲学家的著名学者，发表过专业性很强的学术著作和论文，他们在为本丛书撰稿时以普及和入门为目的，用概要方式介绍哲学家主要思想，要言不烦，而又不泛泛而谈。因此这套书特点和要点突出，文字简明通俗，同时不失学术性，或评论哲学家的是非得失，或介绍哲学界的争议，每本书后还附有该哲学家著作和重要第二手研究著作的书目，供有兴趣读者作继续阅读之用。由于这些优点，这套丛书在国外是不可多得的哲学畅销书，不但是哲学教科书，而且是很多哲学业余爱好者的必读书。

"华兹华斯哲学家丛书"所介绍的，包括耶稣、佛陀等宗教创始人，沃斯通克拉夫特、艾茵·兰德等文学家，还包括老子、庄子等中国思想家。清华大学出版社从中精选出中国人亟须了解的主要西方哲学家，以及陀思妥耶夫斯基、梭罗和加缪等富有哲思的文学家和思想家，以飨读者。清华大学出版社非常重视哲学领域，引进出版的《大问题：简明哲学导论》等重磅图书奠定了在哲学领域的市场地位。这次引进翻译这套西文丛书，更会强化这一地位。现在越来越多的人认识到，在思想文化频繁交流的全球化时代，没有基本的西学知识，也不能真正懂得中华文化传统的精华，读一些西方哲学的书是青年学子的必修课，而且成为各种职业人继续教育的新时尚。清华大学出版社的出版物对弘扬祖国优秀文化传统和引领时代风尚起到积极推动作用，值得赞扬和支持。

张世英先生担任这套译丛的主编，他老当益壮，精神矍铄，认真负责地选译者，审译稿。张先生是我崇敬的前辈，多年聆听他的教导，这次与他的合作，更使我受益良多。这套丛书的各位译者都是学有专攻的知名学者或后起之秀，他们以深厚的学养和翻译经验为基础，翻译信实可靠，保持了原书详略得当、可读性强的特点。

本丛书共 44 册，之前在中华书局出版过，得到读者好评。

我看到这样一些网评："简明、流畅、通俗、易懂，即使你没有系统学过哲学，也能读懂"；"本书的脉络非常清晰，是一本通俗的入门书"；"集文化普及和学术研究为一体"；"要在一百来页中介绍清楚他的整个哲学体系，也只能是一种概述。但对于普通读者来说，这种概述很有意义，简单清晰的描述往往能解决很多阅读原著过程中出现的误解和迷惑"'；等等。

这些评论让我感到欣慰，因为我深知哲学的普及读物比专业论著更难写。我在中学学几何时曾总结出这样的学习经验：不要满足于找到一道题的证明，而要找出步骤最少的证明，这才是最难、最有趣的智力训练。想不到学习哲学多年后也有了类似的学习经验：由简入繁易、化繁为简难。单从这一点看，柏拉图学园门楣上的题词"不懂几何者莫入此门"所言不虚。我先后撰写过十几本书，最厚的有八九十万字，但影响最大的只是两本 30 余万字的教科书。我主编过七八本书，最厚的有 100 多万字，但影响最大的是这套丛书中多种10 万字左右的小册子。现在学术界以研究专著为学问，以随笔感想为时尚。我的理想是写学术性、有个性的教科书，用简明的思想、流畅的文字化解西方哲学著作烦琐晦涩的思想，同时保持其细致缜密的辨析和论证。为此，我最近提出了"中国大众的西方哲学"的主张。我自知"中国大众的西方哲学，现在还不是现实，而是一个实践的目标。本人实践的第一步是要用中文把现代西方哲学的一些片段和观点讲得清楚明白"①。欣闻清华大学出版社要修订再版这套译丛，每本书都是讲得清楚明白的思想家的深奥哲理。我相信这套丛书将更广泛地传播中国大众的西方哲学，使西方哲学融合在中国当代思想之中。

赵敦华

2019 年 4 月

---

① 详见赵敦华. 中国大众的现代西方哲学. 新华文摘，2013（17）：40.

目录 Contents

1

On Gadamer ──────── 学徒时期

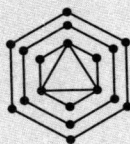

汉斯－乔治·伽达默尔生于 1900 年 2 月 11 日。在 1977 年出版的思想自传《哲学的学徒时期》的扉页上，伽达默尔写道："*De nobis ipsis silemus.*"（"我想对自己保持沉默。"）这种沉默与他坚持的这样一个观点相一致，即 20 世纪的哲学必须从笛卡尔所强调的自我意识中走出来。伽达默尔不是将理解建立在个体自我的基础上，而是突出哲学的对话性和人类生存的对话性。他强调人类与其说是个人的选择，毋宁说是由传统所形成的，是由笛卡尔哲学所谓的偏见形成的。我们是谁在很大程度上受我们周围其他人的影响，他们激发我们去行动，去反思我们的行动。由于强调这一点，伽达默尔用"学

徒时期"（apprenticeships）这样的字眼叙述了他的生平。作为一个学徒，他是一个初学者，一个在与他人的关系中学习的人。伽达默尔在《哲学的学徒时期》和为当代健在的哲学家所编文库第 24 卷撰写的导论中叙述了自己的生平，追溯了自己在整个 20 世纪致力于发展哲学对话能力的经历，因此，对他的生平和学徒时期的简要回顾，有助于我们进入到他的思想。

开 始 思 想

伽达默尔的青少年时代是在布雷斯劳①度过的，在第一次世界大战期间他走向成熟，但他生活在远离前线和战争影响不大的地方。在对其孩提时代的简单叙述中，他告诉我们，他曾对普鲁士高效和纪律严明的军事传统很感兴趣，有人认为他会成为一个军官。他记得曾和家人讨论过"泰坦尼克号"的沉没，当时伽达默尔的父亲将这一事件比作一个村庄的人的毁灭，而伽达默尔对父亲回答说：他们不过是农民。他记得他还向他们家里的那位来自乡下的女佣道过歉，并吸取教训。这也许是他开始意识到理解发生在与他人的对话时所遇到的第一个事件。

伽达默尔的兴趣很快从军事转到戏剧和诗歌方面。他读过莎士比亚的剧本和抒情诗，他受托马斯·曼的《一个不问政治者的看法》和赫尔曼·黑塞小说的影响。令他父亲大失所望的是他转向了人文科学，他的父亲是一个自然科学家，很不理解自己的儿子对人文科学的爱好。伽达默尔18岁开始进入到大学学习，从此父母对他的影响逐渐减少。

在学术生涯的早期，他读过西奥多·莱辛（Theodor Lessing）的《欧洲与亚洲》，虽然后来他认为这本书只是二流的，但还是承认年青的时候它对自己产生过革命性的影响。该书使他对此前的文化理解产生了怀疑。他说，这使他将自己的世界相对化，并能够开始思考。他离开父母的政治立场，致力于政治修辞学的学习，这种修辞学包含民主——共和的语言。他读了克尔恺郭尔的《或此或彼》并开始反思历史的本质。有一个假期，他在父亲的书房里找到了一本康德的《纯粹理性批判》。他回忆道，"我真的全身心投入到这本书中，但一点也没读懂。"（《哲学的学徒时期》，第5页）然而，这却是他整个一生哲学对话的开始。

在马堡求学

伽达默尔对哲学的兴趣促使他1919年来到马堡大学学习。这是一个哲学和神学发展的时期，马堡活跃着各种观点。神学家卡尔·巴特②（1886—1968年）刚刚出版了他的著作《罗马书注释》（*Commentary on the Letter to the Romans*），渐为人知的辩证神学开始发展。尼采的影响也开始变得重要起来，影响了那些生命哲学的推崇者。胡塞尔新的现象学方法得到讨论，这种方法对偏重科学事实的哲学倾向提出了挑战。胡塞尔对当时科学的知识论提出了质疑，并用现象学的描述方法来替代它。教师和学生们阅读威廉·狄尔泰和恩斯特·特洛尔奇（Ernst Troeltsch）③的著作并谈论历史相对主义的问题以及生活经验世界的重要性，诗人斯蒂芬·格奥尔格（Stefan George）④也成了批判文化的学术圈中议论的话题。

根据伽达默尔的回忆，这个圈子里的成员都是斯蒂芬·格奥尔格的亲密朋友，学生们要么在这个圈子里头，要么在这个圈子外头，伽达默尔属于后者。然而1922年伽达默尔患了脊髓灰质炎的时候，第一批来看望他的人当中就有这个圈子的核心人物弗里德里希·沃尔特斯（Friedrich Wolters）。伽达默尔的生命已经倾注到对话上了，尽管他现在有病，但仍记得那次谈话的主要内容。他们抓住保罗·那托普（Paul Natorp）⑤在一次课上讲的东西讨论个体化和个性的危险。伽达默尔注意到"格奥尔格的圈子在社会四分五裂时体现了一种很高精神水准的共同意识"。（《哲学的学徒时期》，第9页）

伽达默尔在马堡大学跟随那托普学习，并对那托普的艺术的和神秘的倾向留下了深刻的印象。伽达默尔讲了一个故事：一次那托普上课，电力系统出了故障，于是他们用蜡烛继续照明。那托普强调体系和方法论，他用蜡烛象征他的观点：即使整个统一的照明系统都坏了，这个神秘的蜡烛依然能照耀真理。从那托普那里，伽达默尔还懂得了沉默的重要性：如果没有什么要说，那么沉默就出现了。这种沉默不必用无聊的谈话去填充，但它可以用来阅读诗篇。伽达默尔记得，那托普特别喜欢读罗宾德拉纳特·泰戈尔——一位印度伟大作家的戏剧。一次泰戈尔来到马堡，那托普与他并肩坐在讲台上。伽达默尔将他们描述为"两个内心深邃，外表令人折服的人"。（《哲学的学徒时期》，第 11 页）那托普指导伽达默尔撰写关于柏拉图的博士论文。当时，伽达默尔认为那托普是非常严谨的，即使他允许年仅 22 岁的伽达默尔完成该论文都是如此。后来，伽达默尔自己指导学生做论文时，他们抱怨他的严格。他让妻子读自己在那托普指导下写的那篇学位论文，她却确信，要是换了伽达默尔是决不会让这篇论文通过的。

尼古拉·哈特曼（Nicolai Hartman）⑥也影响着马堡的哲学学生。哈特曼晚上与学生讨论，从 7 点左右开始，一直持续到后半夜，他们玩一种叫作"水壶"（teakettle）的游戏，在这种游戏中，他们设计各种谜语，这些谜语看起来只需很简单地用是和否来回答，但实际上充满了歧义。不过当马丁·海德格尔开始早上 7 点钟上课后，哈特曼晚间的讨论被缩短了。对于现在的学生来说，很难想象有这样强烈吸引力的课程能将学生们一大清早召到教室里来，伽达默尔是这样解释海德格尔的重要性的：

不仅对我，而且对那个时期马堡大学所有的学生来讲，这都是一个根本的事件。他用那样平易的语言，那样直接进入问题的方式表明了一种极为完整的精神力量，一下子使我摆脱了日常的、或多或少的智慧的儿戏、范畴或范式。（《哲学的学徒时期》，第19页）

1923年夏季，伽达默尔来到弗莱堡跟随海德格尔学习。他说，正是在这个夏天，他开始懂得了抓住问题，尤其是陌生问题的重要性。

作为一个私人讲师的生涯

1924年至1938年，伽达默尔在马堡大学工作，他最初是和格哈德·库格（Gerhard Kruger）、卡尔·洛维特（Karl Lowith）⑦一起做海德格尔的助教。在德国的教育体制中，想要在大学里谋得一个固定教职的学生必须给有固定职位的教师当助教，这个体制是一种学徒制。教授指导担任助教的学生，在这一时期结束时，学生就可以成为一名"私人讲师"（Dozent）了。1928年，也就是在海德格尔已经离开了马堡以后，伽达默尔才取得私人讲师这一资格。

伽达默尔在马堡大学一直担任私人讲师。这个职位相当于美国的助理教授，但收入并不太高，薪水的大部分要靠注册选修的学生所交的学费。作为一个私人讲师，伽达默尔要开设一定量的专题课。他说自己是一个非常腼腆的教师，不是将问题阐述清楚，而是将包含在它们之中的混淆展示出来，他的朋友们发明了一种叫作"刺棍"（Gad）的方法，它"意指一种过分繁杂的方法"。（《哲学的学徒时期》，第71页）

一个讲师通过教学和研究学会教学。这个过程建立在这样一个信念上：在教育的某一个点上，一个人懂得，他什么时候不知道某件事而又能借助工具去掌握它。一旦掌握后，学习就可以继续进行。伽达默尔承认，为了成为一名合格的教师，他花了大量的时间。对于这个阶段，他写道，"总是将自己投入到新的主题和新的对象中，这是多么富于冒险性的事啊！"（《哲学的学徒时期》，第73页）直到1933年，他才在自己的学术生涯中有指望得到一个固定的职位，但希特勒和民族社会主义的兴起改变了这些期望。在这之前，伽达默尔一直集中精力从事研究和教学，以及与同事们进行学术讨论。对于1933年出现的事件，他写道：

○ 它使我们猛然惊醒了，我们不能开脱我们自己未能履行好一个公民的职责，我们对希特勒和他的同类看得过低……知识界普遍相信：正在掌权的希

特勒将会消除他用于鼓噪运动的胡说八道，而我们
将反犹主义看作是这个胡说八道的一部分。（《哲学
的学徒时期》，第75页）

　　然而希特勒的花言巧语并没有消除，而大学里的形势愈来
愈困难，并导致了分裂。师生们被要求行元首礼，犹太知识分
子被迫离开大学，学校的体制改变了。

　　在马堡，鲁道夫·布尔特曼（Rudolf Bultmann）⑧竭力使
学术聚会和讨论减少麻烦，这些聚会和讨论不得不小心谨慎，
使用间接语言。伽达默尔记得，布尔特曼曾给一个聚会起名叫
"光"（the Light）。伽达默尔出席了这个聚会，他谈的是柏拉
图与诗人，并且开头引用了歌德的一段话：

　　尽管很难觉察，但任何哲学著作都贯穿着一条
论辩的线索。哲学家思考事物的方式与其前辈和同
辈不同。柏拉图的讨论不仅常常被引向某个事物，
而且也背离某个事物。（《对话与辩证法》，第39页）

　　伽达默尔决定努力拯救自己的学术生命，而不作任何政治
上的承诺，因为这有可能使他背叛自己的朋友。他并不想成为
一个殉道者，也不想离开德国。

　　在那些艰难的日子里，伽达默尔选了一门"恢复"

（rehabilitation）的课程。这个课程在一个营地里举行，它由一个试图与纳粹主义疏远的人主持，他不要求为政治喉舌服务，虽然要求锻炼身体、唱国歌及游戏。伽达默尔在营地内与许多"同志"保持联系，这些人都成了他的朋友，并帮助他在莱比锡大学谋得一个职位。

莱　比　锡

作为莱比锡大学的教授，伽达默尔得讲授哲学通史。他采取文本解读的方式来进行教学，并避免在课堂上讨论政治。虽然他的教学不太容易和自己的研究相结合，但他能够主持胡塞尔的研讨班。他还教过里尔克（Rilke）⑨这位学术抵抗的诗人的作品，并仍记得在黑暗中借助烛光讲授里尔克的《杜依诺哀歌》中的第三哀歌时的情景。那是 1943 年在莱比锡的一次可怕的破坏性的大轰炸之后。

学生常被问及有关教师的行动，甚至担任告密者。伽达默尔回忆道，一次他使用了这样一个逻辑论断的例子："所有的驴子是棕色的。"一个女学生把这个例子跟一个朋友讲了，不久伽达默尔被叫到校长的跟前。校长断定这个例子的本意是逻辑的，而非政治的。这个学生后来的日子并不好过，她被学校除名，并下放到一家工厂里劳动。

在战争期间，伽达默尔出版的东西很少。1934年，他发表了"柏拉图与诗人"，这篇论文是他提交给布尔特曼小组的。1942年，他发表了"柏拉图的教育城邦"。据他后来回忆，这篇文章是作为一种"借口"（alibi，哈恩编：《汉斯－乔治·伽达默尔的哲学》，第13页）写的。德国的大学在战争中之所以能幸存下来是因为需要科学，而人文科学和社会科学之所以能够幸存下来，则是因为它们同这场战争有联系。伽达默尔通过潜心研究古典文献学而拒绝去写反犹主义的文章。他在马堡期间就研究过古典文献学。1942年他还出版过一部专题论文《赫尔德思想中的人民和历史》。这本书是研究赫尔德的历史思想中的权力概念的，该书使他引起了未曾预料到的注意，即使他小心翼翼地避免其中的当代意义。他在战俘营里曾用这篇论文给法国军官讲课，并告诉他们："一个帝国过度地扩张自己的疆域"就已经"濒临灭亡了"。（哈恩编：《汉斯－乔治·伽达默尔的哲学》，第14页）然而一般来说，他很少在政治上冒险，而是努力用某种得体的智慧为使大学能幸存下来而工作。就这个时代他写道：

　　　　我意识到我作为一个教师的职责是加强德国年青学子对自身的思考，加强他们自己的判断能力。这首先意味着在教学的理论和实践中将对话置于首位，而要这样，我们研究人员和教师就不得不服从

政治领域中长期存在的法律。（哈恩编:《汉斯－乔治·伽达默尔的哲学》，第 258 页）

由于在战争期间伽达默尔力图避免和纳粹合作，所以在美军占领莱比锡的时期，他当上了校长。后来美军占领区由俄国人控制，在这种情况下，伽达默尔不得不从事政治。他在校内和校外学习同政治打交道。他说，他首先学到的是恢复思想的徒劳和如何不可能（《哲学的学徒时期》，第 104 页），他还学到了开放的政治价值观。由于俄国人的不信任，他总是同他们交涉，而"和他们打交道时表现出绝对的开诚布公和果断鲜明的对立"（《哲学的学徒时期》，第 107 页）。他帮助其他同事找到能保证他们自由的职位，但仅仅因为决定在梅因河畔的法兰克福大学谋求一个职位，他有一次却遭被捕。在让俄国人相信他的决定是出于对自己祖国和他的文学的爱后，才于 1947年得以离开莱比锡。

海 德 堡

在法兰克福大学待了两年后，他开始到海德堡大学担任卡尔·雅斯贝尔斯的教席。1949 年，他终于能够重新回到教学和学术研究上来了。此时伽达默尔发现学生们渴望像哲学家那样学习和发展，于是他效仿哈特曼，建立了由师生组成的小组，定期在他家讨论哲学文本。他还定期将客座讲师引入到课程中来。他讲了一个故事：一个名叫金·海帕莱特（Jean Hyppolite）的法国学者和黑格尔的翻译者，给学生上了一次课。海帕莱特拒绝说起和听到"欧洲"这个词，因为他认为，信仰欧洲含有帝国主义的立场。

伽达默尔说服卡尔·洛维特重返德国在海德堡大学任教。此时人们对海德格尔的思想又有了新的兴趣，而洛维特反对海德格尔的后期思想，称之为"神话学"。伽达默尔不同意洛维特的看法，他将海德格尔思想看作是一种必要的思想（thinking）。然而伽达默尔和洛维特共同主持了关于海德格尔"论真理的本质"的研讨班。伽达默尔继续推进他的有关对话意义的思想，他将教学作为解释学的实践来加以发展。与这个工作相联系，他和黑尔马特·库恩（Helmut Kuhn）共同创办了《哲学评论》，凯特·伽达默尔－奈克布希（Kate Gadamer-Lekebusch）⑩管理这份刊物多年。

作为哲学系的主任，教学和行政工作占去了伽达默尔的许多时间。他的暑假总是用来写他在教学中所学到的东西。通过教学和研究，伽达默尔发展了哲学解释学，他的主要著作《真理与方法》于1960年出版。

退休的时光

伽达默尔在其教学生涯的后期出版了自己主要的哲学著作。退休后他有机会旅行，并揭示、发展他的哲学解释学的思想。和美国和加拿大的学生相处，他提高了自己的英语口语表达能力，他给学生开的课程有神学、文学、语言学以及哲学。虽然《真理与方法》一直是其思想的基础，但他继续发展了哲学解释学和一些对他思想来说具有根本意义的概念。伽达默尔是 20 世纪一位主要的哲学家。他不仅亲身经历了这个世纪的许多主要事件，他还清楚地表达了这样一个哲学意图：强调对话对人类自我理解的重要性，这种理解既包括个体的也包括群体的。

注释：

① 这座小城在第二次世界大战后，依据《波茨坦协定》划归波兰。——中译者注

② 卡尔·巴特（1886—1968 年），德国杰出的神学家，新正统神学和"辩证神学"的创始人和奠基人，主要著作有《信仰寻求理智》、《认识上帝和尊敬上帝》等。——中译者注

③ 恩斯特·特洛尔奇（1865—1923 年），德国神学家、历史学家和社会学家。——中译者注

④ 斯蒂芬·格奥尔格（1868—1933 年），德国现代诗人，曾就学于巴黎、慕尼黑和柏林，他在德国建立了一个以自己的名字命

名的文学团体，并编辑刊物《艺术之页》，他的作品深受法国象征主义的影响。——中译者注

⑤ 保罗·那托普（1854—1924 年），德国著名的新康德主义哲学家，伽达默尔在马堡大学求学时投在他的门下攻读博士学位。——中译者注

⑥ 尼古拉·哈特曼（1882—1950 年），德国现代重要的哲学家之一，也是伽达默尔在马堡大学学习时的老师。——中译者著

⑦ 卡尔·洛维特是海德格尔的少数几个非常有天分的德国犹太学生之一（其他还有汉娜·阿伦特、伊丽莎白·布洛赫曼、马尔库塞等），也是伽达默尔的朋友。——中译者注

⑧ 鲁道夫·布尔特曼（1884—1976 年）是德国当代杰出的神学家、神学解释学家，思想受卡尔·巴特和海德格尔的影响。——中译者注

⑨ 里尔克（1875—1926 年），西方杰出的诗人和基督教思想家，他出生于布拉格的一个讲德语的家庭，先后在布拉格大学、慕尼黑大学和柏林大学接受高等教育，海德格尔称他为"贫乏时代的诗人"。《杜依诺哀歌》是里尔克倾 10 年之功所创作出来的一部享誉欧美文坛的作品，也是其代表作之一。这部诗以语言优美、思想深邃而著称于世，它由 10 首哀歌组成。——中译者注

⑩ 伽达默尔的妻子。——中译者注

2

On Gadamer —————— 哲学解释学

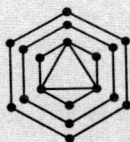

当伽达默尔准备将《真理与方法》的手稿付印时，他原打算使用"哲学解释学"作书名。但出版商认为，这对于读者没有任何意义，于是"哲学解释学"这个术语被换成了副标题。对于一个初次接触伽达默尔著作和这种哲学思想的读者来说，"解释学"（hermeneutics）这个术语有时仍然是费解的。它来自希腊语，意思是"解释"（to interpret），并同希腊的神赫尔墨斯（Hermes）①的名字有联系。在赫尔墨斯被看作是骗子②的同时，人们还将语言和书写的发现归功于他。③他是诸神的信使，其使命是把来自神界的消息带到人间，并将它翻译成人能理解的形式。

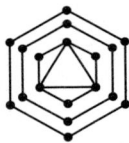

对解释学史简单的回顾有助于我们理解伽达默尔的思想。弗里德里希·施莱尔马赫、威廉·狄尔泰和马丁·海德格尔的思想发展都对伽达默尔的工作非常重要。

施莱尔马赫

直至 19 世纪头 10 年的早期，即弗里德里希·施莱尔马赫（1768—1834 年）的研究出现之前，只存在着各种不同的专门解释学，这些解释学是解释各种类型的文本，尤其是文学、宗教和法律文本的系统方法。施莱尔马赫相信，构成所有这些特殊解释学的基础的是一般解释学。他认识到各门学科之间存在着差别，它们考察文本的不同类型，并发现各自最为重要的问题。然而施莱尔马赫坚持认为理解并不是孤立的或只在特殊的学科中发生。理解法律和理解宗教要求运用一种人类共同的理解。施莱尔马赫坚持这一观点：当儿童领会语词的意义时，他们就已在学习和应用解释学这门理解的艺术了。

施莱尔马赫打算论述作为普遍理解的艺术的解释学原则。这些原则不是一种能保证正确理解的方法论，它们只是理解艺术实践的指导原则。在相信所有的人都能理解他人的同时，施莱尔马赫还认识到，有些人能比他人做得更好。每一人都很容易讲述误解的例子，确认哪些人是好的倾听者也不难。施莱尔马赫的解释学原则试图认识和探索的是那些最具天分的倾听者和对话主义者的理解道路。

施莱尔马赫的解释学区分了两种类型或要素的理解，他将一个称为语法的理解（grammatical understanding）；另一个称为心理的理解（psychological understanding）。语法的理解集中在被使用的语言或语词上，这种理解要求一个人懂得所说的语言并把握这门语言的整体。一旦掌握了一门语言，这种理解就被视为理所当然的了。理解总会发生这种一般假定不时地遭到挑战。在课堂上，教师可以断定，只有通过对非常容易混淆的词或概念的考试，学生才能真正理解所学的东西。一个好的教师具有这样一种能力，即能辨别出什么时候学生在理解上有困难；而一个好学生则具有一种提问的能力——这种提问构成理解过程的一部分。

对于施莱尔马赫来说，解释学不仅在这种语法的层面上是理解的艺术，而且它还是一种心理的艺术。解释学是进入到另一个人的思想的艺术和从作者本身的视角理解其思想的艺术。这有时被称为理解作者的意图。施莱尔马赫对这种心理艺术最感兴趣。他概述了一种直觉的方法（divinatory method），此方法基于这样一个观点：所有的人都具有共同的结构，即每一个人都包含他人的因素，一个人可以通过自我理解达到对他人的理解。心理的解释学发展了一个人站在另一个人的立场上的能力，即将自己转换成他人的能力。这种方法为的是理解他者的意图，即把握另一个心灵。

施莱尔马赫还使用了比较的方法（comparative method）来推进理解。运用比较的方法，将几个作者置于对比中，进而能得到更广泛的理解。在试图理解一个文本时，一人必须努力通过直觉的方法，进入到作者的内心。这需要与比较的方法密切配合。施莱尔马赫发展了有时称之为解释学循环（hermeneutical circle）的理论：理解从注意小的部分开始，然后将它们置于更大的上下文中，每一步都会改变整体的意义并增加理解的丰富性。

施莱尔马赫的解释学对伽达默尔很重要，因为它意识到解释学的任务的普遍性。然而，伽达默尔注意到施莱尔马赫发展解释学的起点是神学。因此，施莱尔马赫关注的是文本，如《圣经》（它的权威是无可争议的）。伽达默尔认为这是一个重要的局限。他写道：

　　施莱尔马赫的解释学理论同服务于人文科学方法论的历史编纂学仍有很大的距离，它的目标是对特殊文本精确的理解，这种理解应当借助于历史处境的普遍性。这是施莱尔马赫的局限，而历史世界观必须超越这种局限。（《真理与方法》，第 197 页）

狄尔泰的工作就是要实现这种历史主义的跨越。

狄　尔　泰

威廉·狄尔泰（1833—1911 年）深受施莱尔马赫的影响，他的著作中就有一部是施莱尔马赫的传记。狄尔泰相信解释学具有建立一门理解的科学的可能性，这种科学能为人文科学（human sciences/Geisteswissenschaften）提供方法论基础。历史、文学之类的学科研究的是人所创造的事物，它们可以有一种认识论，即一种区分真假知识的方法，在某种程度上，它类似自然科学。

在发展这种方法论解释学的过程中，狄尔泰区分了说明（explanation）和理解（understanding），他将说明界定为自然科学的方法，它探讨的是事物的外在显现，即作为类的表现的个别事物，而不是它的内在的个别性；理解把握的则是个体内在和外在的形式。说明和解释是能用来通达同一事物的两种方法。事物本身并不能决定哪一种方法更适合，重要的是视情况而定：当某物被作为一个自然对象来认识时，说明是适合的；当某物（也许是同一个事物）被作为生活的一个表达来认识时，理解是合适的。

医学有助于说明上述狄尔泰所作的区分。当一个人生病了的时候，医生运用医学来进行诊断并对症下药，当病人的症状被纳入到一种特殊的疾病时，它便被视作任何人体都会呈现的症状来加以理解，而某些治疗的形式会适合这一疾病。如果有一个人嗓子很痛，并作了检查，因此，选择抗生素去治疗就是正确的。在这一治疗过程中，这个病人是作为一个类型——感染链状球菌的人——来对待的。但是，在医疗实践中，同一个医生也可以将理解的方法当作一种艺术来使用。这个医生可以将他或她的病人作为个体来理解。如果受感染的病人是一个很胆小的孩子，那么医生可以知道如何去帮助这个作为个体的孩子放松以配合治疗。伽达默尔评论道：

○

　　医生必须能够看到他们正在处理的这个"病例"的背后，并在这个特殊的病人的生活情景中关注作为整体的人。的确，医生必须能够反思他们自己的医疗行为，以及给病人可能带来的后果。（《健康的奥秘》，第42—43页）

　　对于施莱尔马赫来说，直觉和感觉是进入到人生的内在方面的手段，是反省的途径。狄尔泰拒绝这一方法，并强调历史性。人是世俗的、历史的存在，人根据过去和未来以及他们的创造来理解他们自己。诸如原因和结果这样的概念并不适宜于理解人的生活。为了理解人生，所使用的概念一定要适合其时间性。狄尔泰对历史性的强调超越了施莱尔马赫的解释学，并对伽达默尔的思想具有根本的重要性。

　　与强调这种历史性相联系，狄尔泰突出了人类生活的客观化。人类创造事物并表达他们的内在体验。狄尔泰将人的创造视为生活的表达，而非简单的个人的情感。理解人的方式就是关注生活体验的表达。狄尔泰将艺术作品，尤其是那些使用语言文字的作品，视为对人的内心世界最充分的表达，一件艺术作品绝不只是表达了个别艺术家的思想情感，而且还表达了社会和历史的现实。当我们理解了一件艺术作品时，我们也就理解了人生和我们自己。

狄尔泰推进了解释学的发展，超越了施莱尔马赫的心理理解。他是通过思考历史经验的重要性来实现这一点的。尽管伽达默尔注意到，狄尔泰仍"将探索历史的过去理解为一种破译而不是历史的体验"（《真理与方法》，第 241 页），然而，狄尔泰为海德格尔、伽达默尔的思想铺平了道路。

海 德 格 尔

马丁·海德格尔（1889—1976 年）受过神学教育，所以对施莱尔马赫的思想很熟悉，他还研究过狄尔泰的著作。施莱尔马赫开始发展解释学的一般理论，但未能克服心理主义的问题，狄尔泰通过对历史性的强调谈到了这个问题，然而他坚持说明和理解的区分，并且将理解限定在人文科学和破译（deciphering）的方法上。

海德格尔在《存在与时间》中又前进了一步。理解在他那里成了人的一种基本的在世方式，而决不只是一种把握心理的和历史的意义的方法，它是人生存在世的方式。每一种解释行为，无论是科学的，还是人文的，都建立在人的理解的基础上。对于海德格尔而言，理解是本体论的，它构成人的存在的一部分。

　　理解是人存在的一个方面，它能使我们超越自我，走出自我。这种走出不是施莱尔马赫的从一个人的心灵进入到另一个人的心灵，也不是狄尔泰的生活的表达（在那里，内部走向共同的外部形式）。它是一种把握我们自己的可能性和成为我们所是的运动。在《存在与时间》中，海德格尔对人的生存进行了详细的分析，并将这种分析称为一种解释学。

　　作为海德格尔的学生，伽达默尔深受其哲学思路的影响。他认为海德格尔的主要成就在于认识到理解是人生活的本性。在对海德格尔的解释中，他强调，无论一个人何时理解，都是在理解他自己，并探讨自身的可能性。在海德格尔的思想中，"历史的理解结构显示出充分的本体论背景"（《真理与方法》，第 261 页）。

　　不过，伽达默尔并未将海德格尔关于人的生存分析全部纳入到他自己的解释学中，也没有使用海德格尔所发展的词汇。实际上，伽达默尔认为，那些采用这种词汇的人常常有忽略海德格尔主要贡献的危险。然而伽达默尔所发展的解释学是从海德格尔对理解的分析开始的。他打算证明这一洞察如何也能"在

对历史传统的理解中得到表现"(《真理与方法》，第 264 页)，
这就是伽达默尔建立他自己的哲学解释学的任务。

哲学解释学

　　海德格尔的《存在与时间》发表于 1927 年，伽达默尔的《真理与方法》直到 1960 年才出版。在这两部著作出版之间的那段时间里，伽达默尔发展了他的哲学解释学。在其思想自传中，伽达默尔说，这些年里，他一直在教授解释学的实践。

　　作为一位教师，伽达默尔很注意帮助学生发展理解和能使他人理解的艺术。在其论希腊哲学的著作以及教学中，他关注概念史。整个这项工作是一种实践形式的解释学，而哲学解释学则从理论的高度来看待这种实践。他在"作为实践哲学的解释学"这篇论文中说明了这一点：

　　　　解释学所处理的是一种理论态度，它与解释的实践、文本的解释有关，而且还与文本中及我们在世界上通过传达而敞开了的倾向的解释经验有关。只有这种理论态度能使我们反思到在理解实践经验的游戏中到底什么因素在起作用。(《科学时代的理性》，第 112 页)

伽达默尔强调理解的实践和对这种实践的理论反思是不可分离的。当一个人进行理解时，他是站在一个较好的立场上去反思一个理解的存在者到底是什么。当一个人反思这样普遍的问题时，他是站在较好的立场上去实践理解的艺术。就人进行理解和反思理解的过程来说，他们被导向了哲学。

在发展哲学解释学的过程中，伽达默尔关注有些概念，这些概念能帮助他推进理解的实践和理解的理论反思，还能帮助他界定自己著作中的概念。通过研究审美意识和历史意识，他强调当代人首先需要的是克服自我意识这个概念，以及重新审视传统和偏见的概念。他确信语言作为一个概念能帮助我们增进对人究竟是什么的理解。本书第三章、第四章、第五章探讨了他所使用的这些概念在哲学解释学中最理论化的形式的发展。对哲学或哲学解释学的初学者来说，可能会觉得这些章节很难理解；而第六章、第七章、第八章主要讨论的是伽达默尔思想中实践的方面。理解伽达默尔著作中理论和实践这两个方面都很重要，不过，有些读者可能会发现先读最后三章，然后再转向第三章、第四章、第五章会更容易一些。无论采用哪一种方式去理解伽达默尔的哲学解释学都需要和他一样具有这种信念：理论和实践不应被视为是分离的活动。

注释：

① 在古希腊神话中，赫尔墨斯是奥林匹斯山上的诸神的信的

传旨者，在古罗马神话中，与之对应的神是墨尔库里乌斯（Mercurius）。——中译者注

② 赫尔墨斯是神的信使属较晚的传说。在神话中，他还被描述成一个狡猾的窃贼，如荷马颂歌中讲到他偷走阿波罗的牛群，他甚至将诈谝之术传授给他的儿子奥托吕科斯，故云。——中译者注

③ 赫尔墨斯除了是神的信使外，还是商业之神、赢利之神，包括合法的和不合法的，买卖需要讨价还价，生意人的艺术是通过巧妙的言语来消除对方的犹豫，最后达到商业的目的，所以赫尔墨斯又变成了雄辩之神罗吉俄斯（Logios）。——中译者注

3

On Gadamer ——————— 艺术的经验

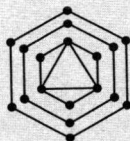

伽达默尔对解释学的研究是从艺术的经验和历史传统的经验开始的。在这两个方面，他都探讨了经验，为的是说明异化（alienation），这种异化是 20 世纪人类生存的特征，是我们从启蒙时代继承的遗产。在强调理性和自我意识的根本重要性时，启蒙时代使人同经验（这种经验能使我们理解我们的生存）保持距离。它在主体和客体之间设立了距离，然后使克服这个距离成了一个问题。伽达默尔认为，在哲学上，这些发展导致将真理局限为科学和概念的知识。伽达默尔对这种观念进行了挑战。他相信，艺术作品也有真理，认识到这一点就将艺术和历史置于一种新的眼光中了。它有助于人们克服

异化，而理解艺术可以使人更好地理解和认识他们是谁。然后，哲学就能克服那种坚持主客二分的思想了。

伽达默尔在思考过程中所使用的语言有些似乎很难懂，尤其是对 20 世纪大陆哲学的背景缺乏了解的读者来说更是如此。然而在许多方面，伽达默尔的思想能用日常生活经验来加以清楚地说明。例如，当一个人开始一种职业生涯，他或她具有成为这个行当一员的一种观念或概念。如想成为教师的人具有一个教师应当是什么的观念。但是起初，这位未来的教师和教师应当是什么的观念的距离是很大的。成为教师这件事只能通过教学的过程被理解，而在成为教师的过程中，一个人可以拥有关于教师的特殊概念。例如，一个教师可以将他或她自己概念化为一个总是知道答案的人。如果在成为一个教师的过程中持这个概念，那么异化就会发生，教学的经验和教师应当是什么的概念并不一致。渴望成为教师的这个人并没有实现这一理想，进而断定自己并不是一个好教师或真正的教师。事实是这个人可以是一个好教师，而问题在于教师应当是什么的概念有缺陷。

伽达默尔相信我们被异化了，因为我们的人应当是什么的概念与我们作为人的生活经验并不相符。如果我们有一个较好的关于人应当是什么的概念，那么我们将能够克服这种异化并过更为丰富的人的生活。对艺术经验和历史经验的反思为伽达默尔发展哲学解释学和克服异化的实践任务提供了起点。本章要考察他对艺术经验的研究，而第四章将谈到历史的经验。

审 美 意 识

从最初对哲学发生兴趣开始，伽达默尔就一直关注艺术经验和哲学之间的联系，这种关注是他整个一生思想的中心。他相信，正确地将艺术经验和哲学联系起来是当代思想最重要的任务之一。伽达默尔对审美意识概念的批判不仅提供了理解哲学解释学的起点，而且还具体说明了他的哲学道路。他从深入分析这个当代概念开始，使用了一种辩证的方法，将这个概念和艺术的生动的经验相比较。最后他清晰地说明了一个被恢复的概念，恢复这个概念的过程包括两个方面。伽达默尔返回到笛卡尔和启蒙思想之前的这个概念的源头，对于他来说，这常常也就是返回到古希腊思想，尤其是柏拉图的思想。伽达默尔指出这个遗产时常为人们所忽略，但它仍是当代概念的一部分。他显明了我们使用这个概念时是如何不能回避它的遗产的。然而，一个为人所恢复的概念也是一个新概念，不过这个新概念并没有与它的源头相分离。

审美意识批判

伽达默尔的批判认为，审美意识这个概念支配着 20 世纪。它是一个比较新的概念，并在启蒙思想，尤其是康德的思想中有其根源。在现代大多数有关艺术的思想中，人们通常将艺术作为一种感觉愉悦的形式来看待。这种审美意识喜欢感觉的形式，但这种经验和其他类型的经验是分离的，伽达默尔将这一做法称为"审美的区分"（aesthetic differentiation）。艺术在其各式各样的表现中被理解为对感觉生活的贡献，但不是对人的知识或真理的贡献。因此，审美意识被看成是纯主观的。伽达默尔写道：

○　　　所以通过"审美的区分"，作品就它从属于审美意识而言，丧失了自己的地位和所属的世界，与之相关，艺术家也丧失了他在世界中的地位。（《真理与方法》，第87页）

在人们眼里，艺术和艺术家对社会没有任何重要的贡献。艺术只是提供乐趣，但不带来新知识。

当代美国社会对绘画和诗歌的态度有助于说明伽达默尔的观点。在那里，大多数人并不用艺术的原作来装饰他们的家庭和生活空间，被那些具有最好的趣味或审美意识的人视为伟大艺术的绘画作品通常陈列在艺术馆里。人们到艺术馆去感受艺术，艺术不仅被摆放在与日常生活相脱离的地方，而且还被视为是非时间的（atemporal）。伽达默尔说，这些收藏品实际上掩盖了这样一个事实：它们直接产生于当代艺术的积累。艺术的作用只不过是激发感情。某件作品可以卖出数百万美金，但它的价值不过被看成是一件商品。拥有伟大的艺术作品也就意味着拥有财富，我们并不指望艺术为我们提供知识。

在美国社会里，诗被贬得更低。诗人的作品并不广泛地为人们阅读，而且许多人认为他们自己就能成为诗人。这种判断出自这样一种观念：诗只是感情的表达，如果感情得到了表达，那么这件作品就可称之为诗。结果，诗人很少能靠写作为生的，他们不被视作预言家或对社会的概念知识有贡献的人。

这样看待艺术导致了审美经验和其他经验形式的分离，科学和科学的方法被理解为知识的唯一领域。伽达默尔反问道："但是保持概念知识的真理观是正确的吗？难道我们非得承认艺术不拥有真理吗？"（《真理与方法》，第41—42页）

艺术的经验

伽达默尔坚持认为，当我们实际考察我们的艺术经验时，当我们看到其他历史时期已经概念化了的艺术方式时，审美意识概念化的道路就暴露出了它的局限性。他说："我们发现，从古代到巴罗克艺术的时代受其他标准而不是经验标准的支配，因而我们的眼光被引向整个不熟悉的艺术世界。"（《真理与方法》，第 71 页）伽达默尔的评论得出这样一种认识：在其他时期，人们置身于服务宗教和世俗目的的艺术之中，他们对这些作品并不采取一种审美的态度，而是与它们生活在一起并理解它们。

伽达默尔将经验一件艺术作品描述为遭遇一个世界。如果我们能够将那种要求我们与艺术作品保持距离的审美意识的观点悬置起来，那么我们就能进入到艺术作品；而一旦我们这样做，我们便会进入到一个世界之中。他说："艺术的万神庙并非是一种永恒的将自己展示给纯粹审美意识的在场，而是历史地聚集自身的心灵和精神的行动。"（《真理与方法》，第 97 页）当我们进入到艺术作品的世界之中时，我们就能通过艺术作品理解我们自己和我们的世界。伽达默尔认为这就是自我理解（Selfunderstanding），这种自我理解只在我们遭遇到某物而不是自我时才会发生，自我理解包括"与他者的统一和融合"。艺术的经验包括真理，这种真理可以与科学的真理不同，但它并不低于科学的真理。

电影为遭遇一件艺术作品提供了很好的例子。当观众到剧院看电影时，他或她进入到电影的世界中。虽然观众可以同电影的世界保持距离而将注意力放在电影摄制方面的一些因素，但这会丧失电影的丰富意义。一部电影将观众吸引住，并要求观众参与到电影的世界中来。看完电影后，观众认识到他或她遭遇了一个世界。尽管这个世界决不完全是观众自己的世界，但它也不是陌生的。在经验这个世界的过程中，观众不仅理解了所遭遇的世界而且还发展了自我理解。

一个被恢复了的艺术概念

伽达默尔对审美意识的批判和他对艺术经验的历史和生活方面的反思导致他提出这样的观点：真理在艺术作品中被遭遇到。艺术不仅仅是主观的，不仅仅关涉到人自己对某物的感受。理解就发生在这种遭遇中，这种理解不是主体对客体的把握。它不占有或拥有。艺术经验的真理是我们所隶属（belong to）的东西，它抓住我们。为了说明艺术克服主客二分的方式，伽达默尔对艺术的概念化主要集中在艺术的游戏结构中。

游　　戏

"游戏"（Play/Spiel）是伽达默尔思想的规定性概念之一。同艺术相关，他发展了这个概念。但在《真理与方法》的其他许多内容中，它仍是核心。游戏比伽达默尔别的任何一个概念都更能使他领悟到人类生存的力量。他是这样描述游戏的：

当我们就艺术的经验来谈游戏时，它的意思既不是指确立方向，甚至也不是指艺术作品的创造者或欣赏者的心理状态，同样也不是指沉入到游戏中的主体的自由，而是指艺术作品本身的存在方式。（《真理与方法》，第 101 页）

如果游戏不是人的一种态度、行动或心理状态，而是艺术作品存在的方式，那么就会产生这样的问题：这种存在方式是什么？经验艺术的人如何与这种游戏的观念相符合？

伽达默尔说，这种存在方式（即游戏）主要是一种中间的形式。游戏既不由客体即艺术作品建立，也不由主体即艺术家或欣赏者建立。艺术的游戏将这两者带入自身，它是一种"往复运动，这种运动并不与任何将它引向终结的目标相联系"（《真理与方法》，第 103 页）。游戏者当然带着一种态度进入游戏。但是与其说这种态度建立游戏，毋宁说它为游戏所充满并被游戏所引导。就这一点来看，游戏在伽达默尔著作中服务于两个目的：它是理解艺术经验的一个意象；它具体说明了人能认识到主客二分不是理解人的生存的唯一或根本的方式的可能性。

小孩的游戏是解释伽达默尔观点的很好的实例。大多数孩子玩游戏时往往进入到他们想象的角色之中，他们常常设计并穿着这些角色的服饰。这些游戏并没有任何严肃的目的，但孩子们游戏时非常认真。他们在游戏中进入到一种忘我的状态，他们并不将游戏对象化并在一定的距离上去把握它。他们被吸引到游戏中，他们不再是他们自己，即不再是一个主体。他们的行为与平时迥然不同。在这种游戏中，有一种自由：沉浸在游戏中的孩子们容光焕发，生活的重负消失了。游戏也将限制给予了孩子们。游戏有规则，即使这些规则在游戏过程中可以改变。游戏也是一种自我表现。伽达默尔说，当"置身于游戏中时，一个人实际上是在表现自己"（《真理与方法》，第 108 页）。孩子们表现他们自己，并且在这种过程中，孩子们为某个人表现，在此存在观众。

在艺术中，"游戏封闭的世界仿佛拆除了一堵墙"（《真理与方法》，第 108 页）。但是伽达默尔强调游戏并不因此而成为观众的对象。伽达默尔以戏剧为例。在英语中，戏剧也是一种游戏。[①]演员在舞台上被吸引到表演（游戏）中，游戏对于这些"演员"来讲，是一种自我表现。但它还是一种为观众的表现。伽达默尔说，"对观众敞开的是戏剧（游戏）封闭的一部分，只有观众才完成了戏剧（游戏）本身。"（《真理与方法》，第 109 页）演员和观众都是戏剧（游戏）的一部分。伽达默尔说，两者都被要求参与到戏剧（游戏）的意义中来。

游戏对于人的生存来讲很重要，因为它在艺术中是完善的。伽达默尔说，这是一种结构的转换，而转换不是简单地改变。绝不是当孩子长大后，他们就停止玩儿时玩过的游戏，而代之以桥牌或高尔夫球。转换是一种整体的改变，当一个人被转换后，他或她就成了另一个人了。伽达默尔说："结构的转换意味着先前存在的不再存在，但它也意味着现在存在的、在艺术的游戏中表现自身的乃是持久而真实的东西。"（《真理与方法》，第 111 页）发生在艺术中的这种转换是进入到真实的转换。在艺术的游戏中，隐匿的东西得到揭示。艺术作品的世界是一个转换的世界，通过艺术作品，"每一个人认识到事情究竟如何"（《真理与方法》，第 113 页）。在艺术作品里，我们认识到真理，因为我们知道并认识到我们自己。

伽达默尔强调，认识不是简单地承认熟悉的东西。在认识的过程中，我们所知道的东西被照亮，它是作为某件事情被知道的。认识一个朋友这样简单的例子就可以说明这一点。看到一个熟悉的身影并突然辨别出"那是我的朋友"是一件有趣的事。艺术以真理被照亮这样一种方式来展露真理，在此真理被揭示出来。宗教艺术和仪式再清楚不过地说明了伽达默尔所指出的思想。艺术和仪式对宗教真理来说是不可缺少的。仪式属于宗教的世界，而且只有在它进行的时候才真正存在。

对戏剧和音乐来讲也是如此，它们在表演中存在，并在表演中得到充分的实现。伽达默尔将这种中介结构（mediated structure）的特点表述为"审美的无区分"（aesthetic nondifferentiation）。艺术不是从审美意识暗示的时间中提炼出来的，"审美态度多于它对自身的认识"（《真理与方法》，第

116页）。审美意识从属于它所设立的对象。它是事件的一部分，过程的一部分，通过这个事件、通过这个过程，艺术的世界，游戏的世界产生了。这一洞见导致伽达默尔考察艺术的时间性（temporality of art）。

融合的力量

在"戏剧的节日性"（载于《美的相关性》）中，伽达默尔谈到了说明他所谓"融合的力量"（power of fusion）的艺术经验。艺术具有一个基本的时间结构：它能够将过去提升到现在，即过去不只是作为历史，而且还作为当下在场。这意味着艺术总具有成为不同的事物的能力。重复和同时性（contemporaneity）表明了这一时间结构的特点。艺术作品总是同一件艺术作品，但它总是在当代世界中在场。

伽达默尔以节日庆典为例来说明这一结构。每一次庆典都是一种重复。宗教节日或庆典提供了很好的例子。这些节日定期重复着，其中的一些，如圣诞节，每年发生一次；其他的，如点亮安息日的蜡烛，则发生得更频繁。每一次庆祝既不是一个新的节日，也不是对一个早期节日的回忆。伽达默尔谈到节日时说，它们的"原初本质总是某种不同的东西"（《真理与方法》，第123页）。节日的时间结构并不只是重复，它具有同时性（contemporaneity）。每一次庆祝都是圣诞节；每一次庆祝都是安息日。节日具有同时性，它要求参与者在场并与他们本身相遇。

艺术的时间结构就是这样：艺术作品并不将我们带入到过去的世界。它对每一个时代都具有同时性。艺术经验向我们展示我们世界的真理，特别是我们的宗教和道德世界的真理，并能使我们认识到我们自己。在艺术作品中，我们既忘记了自我，又融于其间。

恢复艺术的含意

伽达默尔对审美意识的分析和对游戏概念的使用主要不是为了发展一种新的审美理论，虽然它们已经而且能够应用于这个方面。他使用艺术经验一词是要告诉我们某种关于我们自己东西。我们并不与我们的经验世界异化，我们有机地从属于这个世界。正如观众在戏剧中是事件的一部分一样，我们也是我们经验世界的一部分；正如观众不能控制戏剧一样，我们也不能控制世界。然而观众解释戏剧，因而对戏剧的意义具有关键作用。在伽达默尔所恢复了的艺术的概念中，我们发现我们与一个共同的历史世界相联系。

伽达默尔对审美意识和艺术作品本体论结构的分析充满了

丰富的可能性。在《真理与方法》中的许多洞见伽达默尔在后期的著作中又提出来了。艺术与哲学的联系的重要性一直受到伽达默尔的关注。他还强调了对历史意识分析的重要性，这种分析更充分地发展了他最初在艺术经验的分析中所表达的观点。

注释：

① 　在德文和英文中，Spiel/play，既可以指"游戏"，也可以指"戏剧"，戏剧和游戏具有相通之处。——中译者注

4

On Gadamer ———— 历史的经验

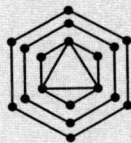

伽达默尔对审美意识的分析是为了使人能够讨论异化的问题。将艺术经验和支配 20 世纪思想的审美意识比较一下，一个更充分的概念出现了：这个新的或被恢复的概念提出了距离的问题，尤其是认识的距离问题。当主体被理解为与一个已知的客体相分离或保持一个距离时，认识的距离就会在认知的过程中建立起来。对艺术经验的分析表明，二重化的自我理解——即从认识论上将人们置于他们生活在其中的世界的对立面这种做法——是不恰当的。

伽达默尔对历史意识的分析推进了这一思想。他利用了在考察艺术时所使用过的辩证方法。他注意到当下所持的概念着

重强调的是客观距离，并考察了这个概念同生活经验以及同启蒙运动以前的一些概念的联系。在这种考察中，他指出当代这个概念中有许多东西我们并没有认识到。他揭示了这个概念中被隐藏或掩盖的东西，尤其是由于强调客观性所隐藏的东西。他发展了一个被恢复了的概念，这个概念能使我们更充分地认识到作为从属于一个世界的人的理解的本性：理解总是发生在我们所从属的共同体之中。

伽达默尔精选了一个特殊的概念游戏使审美意识的分析变得容易。在分析历史意识的时候，他遵循着同样的过程，有几个概念对伽达默尔来讲特别重要。偏见、解释距离、效果历史、应用和问题在他著作中都是规定性的概念。伽达默尔对它们当中每一个概念的分析都发展了他对历史意识的批判。

历 史 意 识

对艺术同时性的思索引导伽达默尔对历史意识进行考察。与审美意识相似，历史意识的特点是由距离所决定的。历史意识将历史事件，包括艺术作品，视作被对象化的他者（other）。历史意识的任务就是要重建历史对象的世界，以便把握它的意义。伽达默尔认为这是施莱尔马赫为解释学制定的任务。历史意识试图确认事件或作品的源头和开端。这种意识想要重建原初时间环境中的事物，它力图恢复原有环境以把握意义。

对此，伽达默尔认为，虽然这些活动具有一定的重要性，但是它们并不能真正提供事件或作品的意义。因为人是历史的存在者，我们决不能返回到原来的时间。实际上，伽达默尔认为如果这是通达意义的唯一途径的话，那么我们所传递的只不过是僵死的意义。他认为，当一件艺术作品从博物馆返回到它原来的位置或当一幢大楼恢复到它原来的状态时当然会吸引旅游者，但它们并非真正被放置在它们原来的环境中。

藉着重温黑格尔的思想，伽达默尔指出，我们的历史的本性真实地向我们显示出：我们必须将过去（事件和艺术作品）纳入到我们的世界中来。伽达默尔说："历史精神的本质并不在于对过去的恢复，而在于与当代生活在思想上的沟通。"（《真理与方法》，第168—169页）已被保存而又被重塑了的建筑可以作为说明这种思想沟通的例子：过去被保留在某幢建筑内，但它却作为当代日常生活的一部分。在发展历史意识批判的解释学意义的过程中，伽达默尔详细论述了一系列重要的概念。

偏　见

伽达默尔承认，偏见（Vorurteil/ Prejudice）[①]这个概念在英语和德语中总的来讲具有否定的含义，然而他却选择这个概念作为对历史意识批判的开始。偏见的概念使伽达默尔能够把历史意识和历史认识的经验加以比较，并使二者相协调。伽达默尔为偏见概念正名的目的是要更清楚地说明人的理解整个地从属于人的经验世界的方式。

海德格尔理解的前结构

伽达默尔论述偏见有一个前提，那就是承认海德格尔在《存在与时间》中对人的理解的分析是正确的。伽达默尔思想的细微复杂之处都明显地体现在这一点上。在考察偏见的概念之前，他明确地指出他的考察是在一个框架内开始的，他将这个框架作为"一个完全正确的现象学描述"（《真理与方法》，第 269 页）接受下来。很清楚，他的分析是从一个接受下来的前判断，即一个偏见开始的。

伽达默尔接受了海德格尔的理解的前结构（the forestructure of understanding）。海德格尔对人的理解结构的描述表明，每一种解释都建立在一种前有（fore-having）的基础上，即为了理解某物，我们总得先行具有这个东西。我们不可能理解不是我们整体世界的一部分的某物。此外，每一种解释都包含前见（fore-sight），即理解总对先行具有的东西采取一种观点。海德格尔将这描述为理解的第一步。此外，每一种解释都包含一个前概念（fore-conception），即在每一种理解中，已经有了关于如何思考这个事物的决断（decision）。我们从一个概念的框架开始我们的理解。

这个前结构的概念似乎很复杂，也许举一个例子更容易领会。为了选择学习某物，它必须已是我们生活经验的一部分。当一个人感觉到有病并去看医生时，疾病已经是这个人的世界的一部分。他患有这种病，这类似前有。在诊断疾病的过程中，医生应用一种观点、在西方社会里，这个观点包括西医的方法。病人也会采纳医生经过慎重考虑所提出的观点，这类似于前见。医生进一步限定病情，在此，疾病根据各种疾病的分类被理解，这种分类为当代医学所采用。再者，病人也将利用这种分类，也许甚至还会需要借助已分类了的复印的和电子的资源去收集信息。这类似于前概念。

伽达默尔强调，理解具有这种前结构并不意味着理解可以是任性的。我们不应当随意地从关于某物一个特殊的先入之见（preconception）开始，也不应当让我们的先入之见不受检验。隐蔽的偏见能使"我们听不到传统向我们言说的东西"（《真理与方法》，第 270 页）。意识到偏见（bias）是很重要的。为了进行正确的理解，前理解需要被意识到并被批判。然而一切理解都包括前判断、偏见，即便是要求客观性和完全消除偏见的历史意识也是如此。

启蒙运动反偏见的偏见

伽达默尔试图表明启蒙运动要求克服所有的偏见的主张就是一种偏见。他相信，意识到这种偏见将能使我们更恰当地理解人的有限性和它真正的历史性。

启蒙运动将偏见理解为一种无根据的判断。偏见是不以事实为根据的判断，不是建立在理性基础上的判断，而理性是权威的最大的源泉。启蒙运动攻击偏见的主要目标对准的是基督教及其《圣经》和教条的权威。启蒙思想家坚持《圣经》和其他历史文本一样，只能要求建立在理性基础上的可信性。伽达默尔写道：

> 书写下来的东西并不必然是真的，我们能够知道得更好——这是一条现代启蒙运动走近传统并且最终引导它从事历史研究的箴言。(《真理与方法》，第272页)

伽达默尔认为，自19世纪以来，这种观念支配着历史研究，甚至浪漫主义也在很大程度上建立在启蒙运动的立场上。

浪漫主义起初似乎是对启蒙运动的否定。它美化过去的时代，美化神话和无意识，但伽达默尔指出，浪漫主义实际上不过是启蒙运动的镜中之像。启蒙运动强调理性认识的完美，而浪漫主义则专注于完美的，在人类思想产生之前的神话中的集体意识（collective consciousness）。无论是浪漫主义还是启蒙运动都建立在与传统割裂的基础上，二者都主张传统只能像它过去所表现的那样去历史地理解。这两条道路都要求理解必须克服一切偏见。

正如伽达默尔用游戏向我们表明我们从属于艺术作品，他还用偏见向我们表明：我们从属于历史。伽达默尔写道：

○ 早在我们通过自我反省理解我们自己以前，我们就以一种自明的方式在我们所生活的家庭、社会和国家中理解了我们自己。……个体的自我意识只是在历史生活的闭合电路中的一次闪光。（《真理与方法》，第 276 页）

启蒙运动否定前判断、否定偏见本身就是一个未经审查的偏见。它导致了启蒙运动和由之而产生的历史意识对远非个人判断并构成人类生存的历史现实的偏见的作用视而不见。懂得了这一点，我们就清楚了：偏见乃是人类理解的真正条件，无偏见则无理解。

为偏见概念正名

伽达默尔对偏见的分析导致他强调为偏见概念正名的重要

性。他注意到启蒙运动将偏见分为两个方面，即：产生于匆忙草率的偏见和产生于对权威信赖的偏见。无论哪一种情况，偏见都被断定为虚假并妨碍着人类达到正确的认识。伽达默尔指出这种思路忽视或排除了偏见有可能是真的这种情况。

伽达默尔用权威作例子来说明他关于偏见的观点。尽管人们如果依赖权威的话，他们有可能被误导，但实际情形并非总是如此。权威可以建立在知识之上。他坚持认为，教师的权威就是建立在他们所拥有的知识的基础上，学生接受教师讲授的真理作为理解的起点决不应被视为误导；相反，从一开始就抱着教师教给学生的东西是正确的这种判断能使学生学习和掌握丰富的知识。道德知识与之相似。孩子们常常表现得很好是因为相信父母关于在某些情况下如何行为的教诲的权威性，将父母的道德价值观视为真的可以很好地帮助孩子为人处世，尤其是当这些价值观是善的时候。

伽达默尔通过对传统的考察进一步加强了对权威说明的力度。他注意到启蒙运动将传统纳入到它对权威批判的范围内。启蒙运动主张怀疑传统，因为传统被视为一种反对个人理性意识的力量。传统鼓励个人坚持先入为主的独断的立场，而不是批判地审视各种假设。

伽达默尔认为，传统是人类真实的一部分，它并非是某种站在人的对立面并能与之相异化的东西。人们站在他们的传统之内，过去在这些传统中在场，而传统则在人们身上实现。宗教传统对伽达默尔这一观点就是一个特殊的说明。当一个宗教团体聚集在一起庆祝一个婚礼时，他们就在参与一个活的传统。结婚者和旁观者都是这一悠久传统的一部分。在婚礼仪式上，他们传递着传统，它可以以一种非批判的方式进行，但传统也能同时既被保留又被批判。例如，上述传统包含鼓励女人受男人支配的因素，这些消极的偏见可以在不放弃传统的条件下被批判。传统可以交流并被保留下来，而不用传递这些消极的方面。然而传统推动这对夫妻进入到共同的生活中。他们选择婚姻作为生活的方式从根本上讲是由传统形成的，在这种传统中他们找到了他们自己。

在传统的传递中，对它的批判显示了历史意识的行为。这种意识认识到它是活的传统的一部分，因而是由这一传统形成的。它还认识到当它传递传统时，它便形成传统。这并非是一个主观任意的行为。不是一个充满个人自主性的行为，相反，它是过去和现在的融合。伽达默尔写道：

历史意识的自我批判最后导致认识到历史意识不仅在事件中，而且还在对它自己的理解中。理解不应看作是主观的行为，而应看作是参与一个传统事件的行为，看作是一个不断地将过去和现在加以贯通的传递过程。（《真理与方法》，第290页）

传统说明了偏见、前理解是任何理解得以可能的条件。为了开始理解，我们必须已经从属于一个由理解者所组成的共同体。这并不意味着理解不能批判，而是要求理解认识到自身的处境。

解 释 距 离

为偏见概念正名使伽达默尔能够说明作为历史意识特点的距离并不是一个妨碍理解的鸿沟。历史意识由传统支持，它是传统的一部分。在《真理与方法》中，伽达默尔称这个作为历史意识处境的一部分的距离为"时间距离"（temporal distance/Zeitenabstandes）。海德格尔的影响和对时间的强调引导了伽达默尔对专门术语的选用。多年后，当他反思《真理与方法》时，他注意到除了时间外，还有其他类型的距离有着与时间距离相同的功能。所有这些类型的距离，他统称为解释距离（Interpretive distance）。

解释距离表明人作为一极的经验理解的处境特征。人们将传统作为他们所熟悉的某物来经验。传统对于我们成其为人是根本的，甚至是决定性的。然而传统也是陌生的或异化的。伽达默尔写道：

解释学必须从这种立场出发，即一个试图理解某物的人与通过传统进入到语言中的内容有联系，文本在这个传统中说话；另一方面，解释学的意识知道它同这一内容的联系并不存在于某种自明的，毫无疑义的完全一致之中，正如不可割裂的传统一样。（《真理与方法》，第 295 页）

理解就是这种熟悉性（familiarity）和陌生性（strangeness）之间的游戏。

人类经验的熟悉性既可包括生产性（productive）的偏见又可包括有问题（problematic）的偏见。我们不可能事先区分生产性的偏见（它将使理解容易进行）和有问题的偏见（它将导致误解）。然而伽达默尔注意到，在理解的过程中，这种分离确实会发生，人们能够逐渐认识到有问题的偏见，进而以一种不同的，也许是更好的方式去理解在传统中接受下来的内容。

解释距离使这种对偏见的过滤变得容易。伽达默尔说，解释距离，尤其是时间距离这种形式，不应当作为一种深渊而应作为一种连续去考虑，这种连续能够使过去成为现在。在任何解释处境中，保持某种距离能使我们领会所要理解的处境或主题的意义。

论文写作这样一个简单的练习就可以说明伽达默尔的观点。当一个人撰写论文的初稿时，无意识的偏见常常会进入到论文中来。这些偏见可以是简单到倾向于以重复的方式使用特殊的表达。这样的倾向被带到个人学习写作的过程中。其他更复杂的偏见也可以进入到写作中来，譬如对人应当是什么的假定。如果将所写的东西放到一边，过一段时间，作者再回到论文上就会发现一些可能妨碍读者理解的偏见。在重写论文时，意义就会变得更为清晰。然而，正如任何写过许多东西的人所知道的。这个过程是决不会结束的。一个人可以返回到已经被写过多次的对象上，仍会发现需要修改的东西和需要进一步说明的问题。一旦东西写出来并传达给读者，理解的过程仍会继续，每一次阅读都是一次新的阅读。

伽达默尔认识到，各种类型的解释距离对人的理解是根本的。例如，这种距离也可以发生在与操一种不同语言的人的遭遇中。交往的企图能够昭示我们在我们自己的语言中的先见（preconception）。伽达默尔坚持认为时间距离在评价方面向人们提供了特殊的批判性的帮助。他注意到，这尤其体现在艺术的评价方面，在这里，时间距离对确立一件艺术作品的价值常常起到极为重要的作用。

对解释距离（尤其是时间距离）重要性的认识，不仅要求人们努力去确认和纠正导致误解的偏见，而且它还告诉我们，历史对理解有一种效果。"理解本质上是一个历史的效果事件。"（《真理与方法》，第 300 页）

效 果 历 史

效果历史（effective-history/Wirkungsgeschichte）也是伽达默尔的哲学解释学中规定性的概念之一，它指我们皆生存于其中的历史。这个概念强调意识不是一个与作为对象的历史相脱离的主体，相反，意识是历史的效果意识。伽达默尔说，我们的存在大于我们的意识。讲到这一点，他所强调的是历史将限度赋予了人的意识，以至于我们绝不可能完全超出这些限度。伽达默尔对历史意识的分析从一开始就导致了这样一种理论要求：理解要意识到效果历史。

对效果历史的认识意味着我们必须意识到伽达默尔所说的解释学的处境（hermeneutical situation）。人是有限的，我们总是站在一个处境之内。我们不能站在我们生存的处境之外，并从一个客观的距离之外来看待它，以为从那里我们生存的整体能被照亮。相反，我们是从这种处境之内"照亮"（light up）我们的处境的。伽达默尔写道：

○ 对这种处境的解释，即对效果历史的反思，绝不可能完全达到；然而它不能被完成的事实并不是由于反思的不足，而是由于我们的历史存在的本质所决定的，历史的存在意味着自我认识绝不可能完成。（《真理与方法》，第 302 页）

由此伽达默尔发展了视域和融合的概念，二者是他对效果历史反思的一部分。

视域

　　在普通的对话中，"视域"（Horizon）指的是从一个特殊立场出发所能看到的一切。我们谈到扩展我们的视域，谈到新视域。在每一种场合下，这一用法都表示虽然我们不能逃避我们的处境，但我们能够在这一处境中到处移动并改变我们的视域。弗里德里希·尼采和埃德蒙·胡塞尔都曾将"视域"作为一个哲学术语使用过。从哲学上讲，这个术语的意义与普通的用法相同，而且还有强调超越最近的边界，融入一个更大的理解范围的能力的意思。在这种迁移中，一个人能达到更好的理解。如果视域非常有限，人们就会只重视视线以内的东西，而看不到一定距离之外的事物的价值。

　　伽达默尔注意到，历史意识一直认为要进行理解，就需要进入另一个人的视域。当我们试图理解另一个人对某个问题的看法时，我们说我们就在试图理解那个人的立场或观点，我们试图站到那个人的视域之内。历史意识采取这种方式去理解过去的某件事情。它并不要求认同过去所采取的立场，它这样做只是为了理解。

　　伽达默尔认识到历史意识的这种迁移对理解来讲很重要。然而他又说，这种对理解活动的描述是不完全的，并且制造了一种历史的鸿沟，这种鸿沟在历史意识看来是一个问题。当我们需要站在另一个人的立场上去理解时，我们也应该保护自己的立场不受任何挑战。这样，我们并不从他者的立场上来确立真实存在的可能性，也就是说，我们阻止它对我们言说并对我们提出要求。历史意识声称存在着两种视域。历史学家，或从事历史研究的人断言能够在这两种视域中来回运动，而历史的文献或处境只能在其历史的视域中存留。

伽达默尔按照他考察审美意识和偏见的方式进行追问：当历史意识描述在视域迁移的过程中所发生的一切时，它是否真的准确。伽达默尔断言，历史意识的经验并不是从一个熟悉的世界进入到另一个陌生的世界的经验。他写道：

> 当我们的历史意识置身于各种历史视域中时，这并不牵涉到进入陌生的，与我们自己没有任何关系的世界；相反，它们共同组成了一个大视域。这个大视域从内移动并超越当下的边界，它包含我们自我意识的历史深度。实际上，历史意识所包含的一切，都为一个单一的历史视域所包容。（《真理与方法》,第304页）当我们站在另一个人的立场上时，我们就将自己置入了那个立场。我们带着自己当下的视域，将自己的关心和问题注入我们试图理解的那个对象。

视域融合

伽达默尔将当前视域同过去视域相结合的状态称为视域融合（Fusion of Horizons/Horizontverschmelzung）。他说，这个过程是一个新与旧在其中共同成长的过程。在这种成长中，新的意义发展着。尽管伽达默尔将历史意识处境描述为形成于一个视域之内的处境，但他提出融合仍是解释人的理解过程的一个恰当的概念。融合的概念承认意识将自身和作为他者来经验的东西区分开。然而，这种区分只是理解的一个部分，不断的再结合也是理解的一个部分。这两种视域决不会完全分离，而是有一种融合发生。伽达默尔说："以调整的方式进行融合是效果历史意识……的任务。"（《真理与方法》，第 307 页）这项任务与伽达默尔所说的应用问题有关。

应　　用

为了解释应用概念的重要性，伽达默尔回顾了解释学发展的历史。他注意到，解释学曾被划分为三个领域：理解（understanding）、解释（interpretation）和应用（application）。当理解和解释联系在一起的时候，应用被放到了一边，这在文学解释学和历史解释学中尤其如此。而在法学解释学和圣经解释学中，应用工作的方面被保留下来了。伽达默尔注意到，在神学布道和法律审判中，解释的特例都包含着应用。宗教和法律文本在解释过程中产生效力。他写道："文本，无论是法律还是教义，倘若要被恰当地理解的话——即根据文本的要求来理解——就必须在任何时刻，任何具体的场合，以一种新的不同的方式被理解。"（《真理与方法》，第 309 页）这些解释学形式保留了某种对于一切理解来说非常根本的东西。理解总是应用。

伽达默尔指出，应用向我们表明理解是一个服务的过程，而不是一个支配的过程。在理解一个历史事件或文本的过程中，我们并不占有那个事件，我们并不支配和控制它。相反，我们让它占有我们，这个事件或文本在我们中并通过我们而具有生命。

伽达默尔用法律解释学来说明应用对于理解过程的重要性。当一个法官解释法律时，当下的需要最重要。但这并不意味着法官的解释是任意的，或在制定一种全新的法律。法官必须认识到特殊案件中的法律的意义。法官的使命不是制定法律，而是使它具有活力。法官帮助法律对公民言说，而且法官也要受到法律的制约。法律的权威决不是一个任性的权威。相反，法律有权威是因为它对人人都具有约束力。法官不能游离于法律之外，而是处于法律的影响和效力之内。法官也处在法律制约的范围之内，在这个范围内他或她的审判才具有效力。但是法官并不是懂得法然后简单地将它套到一个特殊的案件中。在思考每一桩案件时，法官理解法律，并为公民们解释法律的含义。法官必须对法律所制定的条文保持开放的态度。在法律的意义之内并不是每一种解释都是允许的。

伽达默尔认为，所有的理解都和法律的理解相似。在某种意义上讲，每一个人的作用类似于一个法官。我们并不是先知道某些东西，然后将这一普遍的知识应用于一个特殊的场合。我们是通过理解特殊的情景和例子逐渐理解到普遍的东西。效果历史意识承认理解工作包括应用。这种应用要求意识对传统的经验开放，对传统中遭遇真理的要求开放。

问题与开放

伽达默尔强调，效果历史经验表明开放对人的理解是根本性的。他相信，当我们观察问题的结构时，我们就能最好地理解这种开放，它构成人的理解的一部分。伽达默尔坚持问题的视域就是开放。换言之，在提问的过程中，我们就被置于一个开放的上下文内，在那里我们允许某个他者对我们言说并影响我们。我们能够意识到我们的处境视域的扩大。理解是一个无止境的过程，而对问题的探讨为这种开放提供了一个更加清晰的意义。

伽达默尔区分了修辞的问题（rhetorical question）与合理

的问题（legitimate question）。他将合理的问题的特点表述为敞开所追问的东西。学习的经验有助于说明这两种类型的问题。一个教师可以提修辞的问题，这些问题要求学生告诉老师想听到的东西。这种问题会妨碍，甚至终止讨论。但一个教师也可以问合理的问题，这些问题的目的在于敞开讨论。在此没有预设的标准答案，一个提合理的问题的教师可以帮助学生更深入地钻研教材和这些材料的意义。

伽达默尔注意到问题能为理解建立起视域。每一次提问都带有提问者的偏见即预设，所以问题可能对也可能错。当某人提了一个错误的问题时，这个问题会在讨论中歪曲事物的真相，问题推动了视域，在讨论中，思考这件事情的视域受一种观念支配，而不是对讨论敞开。一个恰当的问题敞开了主题。这样，对话就会出现。教师提出好问题能引导全班在讨论中对这个事物进行探讨。伽达默尔说，知道如何提问的人保持着一种开放的倾向。"提问的艺术也就是能够进一步提问的艺术——即思想的艺术。"（《真理与方法》，第 367 页）

这种思想的艺术承认提问要求一个人承认无知，它还要求一个人有求知欲。伽达默尔认为提问是"情感多于行动"（《真理与方法》，第 366 页）。问题将自己展示给对那些想理解的人，而且发展提问艺术的人会探索能支持一种立场的一切。这不是试图消除立场的辩论艺术，相反，提问通过显露一个立场的力量发展了思想。这还避免了那个站支配地位的立场对其他立场的压制。

合理的问题和提这些问题的艺术向我们表明，理解要求一个开放的环境。这种开放能使思想者与对他或她言说的某物相遇，并回答这种言说，开放将导致对话。

伽达默尔历史意识批判小结

伽达默尔对偏见概念的正名和对解释距离、效果历史、应用及问题等概念的分析构成了他对历史意识概念的修复。历史意识是通过启蒙运动发展起来的。它类似审美意识。历史意识相信在它和被理解者之间存在着一个认识论上的距离，这种意识在理解的主体和理解所专注的对象之间设制了一条鸿沟。

伽达默尔为偏见概念的正名开始了他对历史意识的批判。他关于偏见概念的研究导致了这样一种认识：理解总是对所理解的对象预先给定了一个判断。理解不能在摆脱了预设这种意义上是客观的。事实上，如果没有属于理解者所组成的共同体，没有对传统的参与，没有共同体的偏见，也就没有理解的可能性。

然而，伽达默尔意识到理解并不是简单地带着未经改变和挑战的所有偏见去传递过去。人的理解发展着解释距离，进而能够过滤偏见，区分生产性偏见和有问题的偏见。

解释距离向人们表明历史对理解是有影响的。历史将限度赋予理解。但是，这些限度是可改变的，它们构成了理解的视域。然而思想者可以在处境中迁移，在这些处境中他们发现了自己并改变了他们的视域。这种改变能够使意识从历史中区分它自己并确认自己与历史的关联。伽达默尔使用应用的概念来说明这种运动。

伽达默尔发展应用的概念以示理解不是一个主体支配客体的行为。相反，理解是服务意义的过程。为了做到这一点，理解必须保持开放。理解的任务就是学会提出恰当的问题。在提问的过程中，历史的意识能够懂得它就是解释学的意识。它并不站在同过去异化的立场上。相反，它在当下的生活过程中不断地与过去进行对话。

通过对历史意识的修复，伽达默尔揭示了对话的重要性以及语言对于任何可能的理解的重要性。

注释：

① "Vorurteil/Prejudice"这个词无论在德文还是在英文中贬义的语气较重，而在伽达默尔那里它是作为中性词来处理的。——中译者注

5

On Gadamer ———— 语言的经验

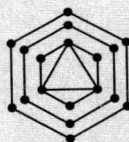

在《真理与方法》中，伽达默尔发展了哲学解释学，强调一切理解都是自我理解。通过对审美意识概念的修复，他开始确立这样一种哲学的立场，这种立场克服了来自于启蒙思想尤其是主客分离思想的异化观念。为此，他考察了艺术的经验，并洞察到我们有机地从属于我们的世界。

在对历史意识概念的修复过程中，他进一步发展了这种从属的经验（experience of belonging），并使这一点明确起来：理解是每个有限的人参与其中的过程。在这个过程中，我们进入到一个特殊的状态，进而受到发生在我们以前的事物的影响。我们拥有某些偏见，因为我们是这个过程的

一部分，这些偏见形成我们的理解，并使我们的理解得以可能。然而作为有限的人，我们仍可以发展解释距离，进而过滤偏见。我们不能将我们自己从我们所属的处境移开，但我们可以在这个处境内到处活动并改变我们的视域。在这个过程中，我们经验到视域的融合，我们不是与过去相脱离、相异化的存在。相反，我们是一个活的、持续对话的一个部分。在与过去的对话中，我们是积极的参与者。这种对话将走向未来，而这种对话又是以语言为媒介的。

《真理与方法》的第三部分转向对语言的考察。伽达默尔写道："下面讨论的主导思想是：发生在理解中的视域融合实际上是语言的成就。"（《真理与方法》，第378页）在开始讨论语言之前，他引用了施莱尔马赫的一句话："解释学的一切前提只不过是语言"。在对语言分析的过程中，他写道："能够被理解的存在就是语言。"（《真理与方法》，第474页）所以，考察语言对于伽达默尔的哲学立场来说是根本性的，它在伽达默尔后来的思想生涯中一直保持着这一地位。

在《真理与方法》第三部分中，伽达默尔将语言作为他所说的人类经验的媒介来探讨，这种探讨进一步发展了他开始在审美意识中注意到后来又在历史意识中充分发展了的融合的概念。他追溯语言概念展现的历史，以说明他并非将某种东西强加于语言。这遵循着他在《真理与方法》的第一部分和第二部分中的方法。他强调，他所理解的语言概念是语言概念的历史显现过程的一部分。最后，他将语言概念作为解释学的本体论视域来看待。我们置身于语言之中，在这一处境里，我们理解存在着的一切，包括我们自己。

作为媒介的语言

伽达默尔断言："一切理解都是解释，而一切解释都发生在语言的媒介中。这种媒介让对象进入到语词之中，但同时它又是解释者自己的语言。"（《真理与方法》，第389页）肯定语言是一种媒介，这一认识很重要。伽达默尔否定这样一种观念，即语言是工具，亦即它可以被主体用来控制或操纵客体。在他看来，语言服务于对象，这表现在它让后者产生意义。与之相类似，当理解发生在语言中时，它不是一种控制的手段。理解是一个达成共识（agreement）的过程；而且，如果一切理解发生在语言中，那么为了理解，人类必须置身于语言之内。

伽达默尔以翻译为例来说明他的这一观点。当一个人学习一种新的语言时，最初的过程常常是往返于已掌握了的语言和正在学习的语言之间。例如，在本书中，引入了一些德文单词。如果你不懂德语，你就可能不会直接理解"Spiel"（游戏）这个词。你甚至会停留在这一点上一直翻到最后一页，去寻求如何翻译这个词。一旦你查到了这个词的英文,懂得了它的意思,就能继续阅读这一章,而且理解会更为深入。如果你不懂这个词,又找不到它的翻译,你可能会尝试从上下文中来推断它的意思。注意,你这样做时实际上就在将这个词翻译成你自己的母语,这种语言是你能说、能理解的语言。你所想做的就是要理解该词的意思。

一个文本的译者做着类似的事情。这个人能自如地运用两种语言并进行一种对话,这种对话使一种语言所说的东西能被另一种语言懂得。虽然这件事可以让字典来做:将一种语言中的语词替换成另一种语言中的语词,但这种藉着字典的翻译通常来说是比较差的。在一个好的翻译中,译者被融入讨论的主题中,并且找到最好的方式使这个主题在第二种语言中容易被理解。这要求一种远非直译的翻译。译者可以在此找到恰当的语言,因为理解在发生。

与某个操不同语言的人交谈提供了另一个进一步说明伽达默尔这个观点的例子。一个在佛罗伦萨的旅行者要乘火车去罗马,他来到车站,不知道走那一条线路。在此时间是非常重要的。如果这个旅游者能确认有一个人愿意试图达到共同的理解,尽管语言不同,那么这个旅游者就会决定去罗马。接下来翻译将会发生,这两个人当中的某一个会突然理解对方。

上述例子说明了伽达默尔这样一个论断:语言不是一个工具。在每一种场合下,找到一个共同的语言"与理解和达成共识的行为一致"（《真理与方法》,第 388 页）。语言是一种媒介，正如我们呼吸的空气是我们生活于其中的媒介一样，我们也生活在语言中；正如我们可以忽略空气对于我们的重要性一样（因为它和我们太密切了），我们也可以忽略语言以及它在人的一切理解中所扮演的重要角色。伽达默尔暗示，这些例子表明言说（speaking）与思（thinking）有着密切的关系。

理解的对象

伽达默尔用他的术语"解释学现象"（hermeneutic phenomenon）来说明语言和理解之间的密切关系的结构。他写道：

> 语言和理解之间的本质关系主要是在这种事实中表现出来的，即传统的本质存在于语言的媒介中，所以解释的优先对象是文字性的文本。（《真理与方法》，第 389 页）

他注意到，语言的传统、各式各样的文本并不只是过去遗留下来的痕迹，人们还希望它们能原原本本地流传下来，包括传统。当伽达默尔作此评论时，他提到了一个德文单词"Uberlieferung"，这个词可译成"传统"（tradition）。从字面上看，

"Uberlieferung"的意思就是传递。一个书写的文本是一种馈赠（gift），它从一个人和一个时代传到另一个人和另一个时代。

伽达默尔的观点是：在书写的文本中，我们有了一个理解对象的典型例子。这个对象在语言中有它的存在。它并不局限于作者的意图，也不局限于最初的听者或当代的读者的理解。可以说，它有它自己的生命，但却是一个在语言视域之内的生命。在1960年写的一篇论文中（同年《真理与方法》出版），伽达默尔指出，我们对于词与物的经验表明，说"事物将它们自己带到语言的表达中"（《哲学解释学》，第81页）是恰当的。

理解的过程

伽达默尔认为解释学不仅论证了理解的对象在语言中有它自己的存在，而且它还向我们表明，理解的过程从根本上讲就是语言性的。伽达默尔指出：

> 当我们涉及理解和解释文字性的文本时，语言媒介的解释本身表明理解总是：将所说的东西同化为一个人自己的一部分。（《真理与方法》，第398页）

伽达默尔坚持认为，解释的过程和理解的过程绝不是一个试图注意自我的过程。相反，它是一个开放的运动，一个与理解对象相遇的运动。

传统中流传的文本在语言里有它自己的生命。解释是理解的过程，解释的任务就是去发现理解文本的正确语言。如果传统要有生命，那么它就必须要被占有（appropriated）。每一代人乃至每一个人都必须能够使传统成为他们自己的东西。伽达默尔主张，这种占有发生在语言中。理解的过程绝不是主体能将任何意义强加于文本的过程，因为文本在语言中有它自己的生命，它既对解释开放，又将解释者和寻求正确的解释联系起来。这个过程非常类似翻译。例如，当人们在佛罗伦萨的火车站能相互理解时，语言就不会受到他们注意；而当他们努力去相互理解时，他们就会关注到语言；一旦他们达到正确的理解，语言就会消失。伽达默尔并不是说我们被束缚在传统之内，不能批判或改变传统。显然，他在考察历史意识的过程中所发展的应用概念使这一点很清楚：理解持续地进行着，对于一个文本，有很多正确的解释。他强调的是，当我们理解时，我们便进入到语言之中，并受制于语言的视域。正如理解的对象在语言内有它自己的生命一样，理解的主体置身于语言内，也有它的生命。

在讨论理解的过程中，伽达默尔意识到各种非文字性的人类表达。他写道：

　　　　　文字性的解释是一切解释的形式。甚至当所要解释的东西在本性上不是语言，即不是文本而是一尊雕像或一首乐曲时，我们也一定不要让自己被非文字性的，而事实上是以语言为前提的解释形式所迷惑。（《真理与方法》，第 398 页）

　　所有这些表达形式都能被理解。理解的过程是一个解释的过程，在这个过程中，作品被注入了生命。解释不是原初作品的再创造（recreating），音乐作品的表演也不是创造一件新作品，但表演给作品带来生命。伽达默尔说，音乐作品的再现（reproduction）"使它如其最初所显现的那样"（《真理与方法》，第 399 页）。而且，每一次表演都可以用语词的形式来表现，即使那不是演员最喜欢的媒介。

　　伽达默尔并不是要将一切理解都还原到言说的语言上。他指出，解释和理解是联系在一起的，而且一切理解都具有文字性解释的可能性。他意识到，语言有时似乎对理解的任务并不能完全胜任。我们都遇到过在艺术作品的经验或自然的经验中无法表达的情况；我们曾向医生描述过我们的症状，但缺乏表达内在感觉的语言。然而伽达默尔认为，这些限度是由于我们所使用的语言的惯例所造成的。这些例子实际上证明了理解和语言之间的密切关系，它们指出了一切理解的概念性，而我们则搜寻能为我们的经验提供可理解的概念。

而且这些例子还表明任何语言对于持续发展着的概念的容纳性。

对于当代思想家来说，理解伽达默尔这一观点很困难。主要原因在于我们预先就有了语言是工具的观念，而伽达默尔则想要告诉我们，语言是我们生存的媒介。在写于1962年的一篇短文中，他指出：

○ 如果我们只在充满语言的领域，在人类共在的领域，在共同理解并不断达成共识的领域——一个对于人的生活来说如同我们呼吸的空气一样不可缺少的领域看到语言，那么语言就是人存在的真正媒介。（《哲学解释学》，第68页）

伽达默尔要我们将语言作为一种媒介来经验。他相信，这样我们就会认识到在理解和语言之间存在着密切的联系。两者都不能简单地作为一个对象来经验。如果我们对语言的概念有比较恰当的认识，我们就能更好地推进自我理解。伽达默尔再次进行了一种概念修复的工作。如果伽达默尔是正确的话，那么这种语言概念的修复对于我们理解人到底是什么具有重要的意义。

语言的概念史

伽达默尔再一次使用了他在分析审美意识和历史意识时用过的方法。他研究了概念史，旨在发现语言的经验层面，这些层面将表明其他领域也经验过作为媒介的语言，而这些经验能帮助我们恢复这个概念。伽达默尔讲授古希腊哲学多年，为的是在纳粹统治时期能生存下来。他注意到，希腊人并没有一个关于语言的词，词与物亲密地结合在一起，以至于一个人的名字就是这个人存在的一部分。随着希腊哲学的发展，这种预设的统一体受到了质疑。柏拉图的《克拉底鲁斯篇》[①]探讨了这个问题。伽达默尔概括了这篇对话讨论的内容，并得出这样的结论：柏拉图的著作真正为现代工具主义的语言观确立了方向。不过，希腊的概念思想与其说为伽达默尔的论断——语言最适合作为一种媒介来经验——提供了基础，不如说支持了语言是一种工具的观念。

伽达默尔审察了这个早期哲学的开端，指出了其形式化方面的一些问题。他特别注意到，将理解语言的可能性限定为一种图像或符号妨碍了希腊人认识到这一点：语言具有它自己的存在方式，而这种方式不同于图像（image）和符号（sign）。所以，伽达默尔将希腊思想的开端视为人对本源的语言经验的背离。他断言：

经验开始时绝不是无言地进行，然后通过命名，通过将其纳入到语词的普遍性中而成为反思的对象；相反，经验本身寻找并发现表达它的语词。我们寻找正确的语词——也就说，真正属于物的语词——以便物通过它得到表达。即使我们坚信这并不意味着简单的描摹，这个语词，就其并非是一个与物相符合的符号来说，仍属于物。（《真理与方法》，第417页）

伽达默尔从希腊思想转向基督教的"道成肉身"（Incarnation）[②]的观念，并断定这个概念能使西方思想保留语言的本源意义。

在基督教神学中，道成肉身是语词（Word）变成了肉体的事件。这是耶稣一词的概念，它既充满着人性又充满着神性。伽达默尔利用了基督教的"三位一体"的思想，尤其是在约翰福音中所发现的思想。这个思想强调，耶稣是道（Word）。这种神学认为，道由上帝创造并与上帝永在，不仅语词在道成肉身中变成了肉体，而且它仍保持为道。伽达默尔利用对道的神学反思，旨在表明在中世纪的经院哲学中对语言性质的洞察有两种，它们都不属于古希腊思想。

首先，伽达默尔发现，在这种神学中，语词并不是心灵寻求表达自身，而是心灵寻求表达对象。他注意到，托马斯·阿奎那主张语词类似于光（light），光能使颜色被看见；其次，伽达默尔说，我们能从经院哲学中获悉语言具有事件性（event character）。新教神学特别强调基督和复活的意义不能同事件的宣告（proclamation）相脱离，意义和宣告构成了一个整体。然而存在着多种多样的宣告。这一洞见与伽达默尔在审美经验中所注意到的庆典的结构相类似：同一事件在许多庆典中具有生命；同一个语词在许多宣告中被宣告。这一洞见还同他在历史意识的分析中所发展了的应用概念相联系：事件的意义是开放的，持续的。

伽达默尔的哲学观点发展到这一点上，似乎可以被指责为未经反思就使用自己的前提。很清楚，他是在诉诸西方的和基督教的概念，这些概念对于伽达默尔关于语言性质论述的整个发展来说非常重要。他从道成肉身的概念中认识到了一种存在方式，然后将其应用于对语言性质的理解。不过其他宗教传统也能为伽达默尔的观点提供佐证，即使他没有利用这些传统的概念。例如，在佛教中有一个真身（Chenrezi）③的概念。这是一个充满着智慧的佛，它采取了菩萨的形式，一个用痛苦去普度众生的形式。真身乃所有的佛、菩萨以及慈悲化身的源头。所以正确地说，真身是一切佛的统一体，真身就是每一次显灵。这个概念具有伽达默尔在基督教的道成肉身的概念中所发现的那种事件结构。

这一洞见是伽达默尔从道成肉身的概念中发展而来的。它指当语言被视为具有事件性而非图像性或符号性时，概念形成的过程能在一个更恰当和更具哲学意义的方式中被理解。他暗示基督教的一些思想就是从语言的事件性的关系中去理解语言的。他尤其相信库萨的尼古拉（1401—1464）的著作在这个方面的发展。尼古拉认为，上帝是不可言说的。上帝不能被人的心灵所认识，而且对于人类来讲上帝本身只能在区分（distinctions）中被把握。伽达默尔认为，尼古拉已认识到人类用他们的语言不能把握到事物像它们对一个无限的心灵，即上帝那样显现的秩序。语言必须从人的有限性的关系中去理解，但是这种有限性并不排除同神的无限性联系的可能。所以尽管存在着多种语言，但共同的概念还是形成了，然而有限的人只是在时间的续列中把握到思想的整体。伽达默尔反思了他自己的观点以及尼古拉的观点。他写道：

这意味着……语词所表达的一般概念通过对物的理解而得到丰富。这样所产生的是一种新的，更特殊的语词构成（word formation），这种语词构成更适合于理解活动的特性。不过，说话当然用的是先前已形成的，具有一般意义的语词。同时，概念构成的过程在不断地进行，通过这个过程，语言的生命得以发展。（《真理与方法》，第 429 页）

伽达默尔在语言中看到了体现人的生存有限性的相同的结构，而对语言进一步的思考将有助于更充分地论述人究竟是什么。

作为视域的语言

《真理与方法》最后一部分发展了伽达默尔的基本立场。他坚持人的世界，即我们生活的经验世界，是语言性的。他所发展的同其历史意识的分析密不可分的视域概念很重要。这个概念提供了一切经验在其中发生的界限，但它也是一个能扩大、能缩小的空间。人置身于这种空间中，但可以迁移。

人的世界的语言性

为了开始反思，伽达默尔进一步回顾了有关语言的思想史。他很关注威廉·冯·洪堡（1767—1835）的学术成就。洪堡的研究表明，每一种语言都是一面文化的镜子。尽管洪堡的工作是里程碑式的，并有许多发展的道路，但伽达默尔并没有追随。他对洪堡的研究着重强调这样一个观点："一种语言观就是一种世界观"（《真理与方法》，第 442 页）。人的世界并非最初没有语言，然后在语言中表达出来。语言并不是某种和其他工具或能力并列在一起的人在世界中所占有的东西，人的生存世界是语言性的。伽达默尔对洪堡的洞见进行了反思。他写道："不仅世界只有在它进入到语言的范围内才是世界，而且语言也只有显现在世界中才具有真实的存在。"（《真理与方法》，第 443 页）伽达默尔得出这样的结论：人一开始就是语言性的；人的经验，从根本的意义上讲，就是语言性的。他通过研究人不受环境的影响，通过研究他所谓的事实(factualness/ Sachlichkeit) 和共同体说明了这一观点。

伽达默尔将人类同世界的关系的特点描述为不受环境的支配，意思是与其他生物不同，人能站他们的环境之上去经验世界。人能在意义的关系中经验他们的环境，这包括在同世界的关系中采取一种自由的，有距离的立场。伽达默尔坚持认为，正是在语言中人获得了这种自由。能够为事物命名也就意味着能够站在它们之上，从某种意义上说，亦即与它们相分离。语言能使人同世界的关系成为可变的。区别于人的动物能理解和交往，但人的世界经验是基于事实的（ factual ）。

事实（ factualness ）是一个哲学的概念，最初接触它很难领会。伽达默尔试图证明作为事实的人的世界经验是我们语言地经验世界的结果。说某物是事实的在于它被人意识到并被看成是有意义的。就这件事的发生而言，事物能被人们所谈到并且能成为他们之间进行对话的主题。包含在事实中的距离也就是伽达默尔在讨论历史意识时所说的解释距离，虽然事实

（factualness）能够被获取，但它总是处境化的（situational）。这里强调的是：正是人的世界展示它自身。

在解释事实的概念时，伽达默尔将它同科学的客观性区别开来。他把科学的客观性解释为努力消除一切主观性，客观的认识能独立于人的需要和渴望被达到；同时，它努力将认知者置于世界之上，以便使世界被视为客体。而一个客体可以被测量、计算、操纵和控制。科学的客观性使支配客体成为可能。

至于伽达默尔的事实概念则强调，使物成为客观的科学形式并不是人生存在世的主要方式。这决不意味着科学的道路对于当代人来说不重要，但是科学的客观性对人的生存经验是不能够提供最充分的洞察的，包括我们的语言经验。我们不能够像科学所暗示的那样将自己提升到这个世界之上，也不能将世界视为一个客体。语言的世界是对人有意义的世界，人的言说将物带入到世界。伽达默尔写道：

〇 正如物，即那些由它们的恰切性和它们的意义所组成的我们世界经验的统一体，被带入到语言一样，流传到我们这里的传统也再次被带入到我们理解它和解释它的言说中，这种被带入到语言中的语言性是和人的一般世界经验的语言性相同的。（《真理与方法》，第456页）

事实（factualness）向我们表明，我们并不支配和控制我们的经验世界。人的言说通过归顺、持续以及让我们自己被物所抓住来使世界的发展和成长变得容易。在我们的言说中，物能够进入到语言，并因此而成为人的世界的一部分。

除了自由和事实作为人的经验的基本语言性的例子外，伽达默尔注意到，人的基本语言性还非常明显地体现于人的共同体中。他指出，"语言只是在对话中才有其真实的存在"（《真理与方法》，第 446 页）。正是在语言中，人的世界被揭示，这种世界不是孤立的个人的空间。伽达默尔说，世界就是共同的基础（common ground），人的共同体就是语言的共同体。语言，作为对话，是达到理解的过程，取得共识的过程。人生活在语言中，并进入到一个共同体，在这个共同体内，语言就是交流。在对话中，语言形成着、发展着。

伽达默尔将人的世界经验作为语言来分析，其目的在于使我们能认识到我们就生活在语言中。在语言中我们能以人的方式与世界相遇。为了人类的生存，物显现为事实和意义，并可以在与他人的对话中进行交流。在共同体中，人发展语言，而语言的经验也揭示了人是共同的，进行对话的一部分。伽达默尔的立场始终坚持语言是媒介。正是在这里，世界和人经历一个本源的相互隶属（belonging together）。《真理与方法》从一个异化（alienation）的经验开始，在某种程度上，伽达默尔已表明这种异化只是由于更基本的隶属（belonging）经验而成为可能。这种隶属的性质需要进一步思考。伽达默尔特别强调这种隶属是有限的，它既是人类生存的特性，也是语言的特性。

作为思辨媒介的语言

伽达默尔坚持认为，"在语言中我们经验本身的秩序和结构本源地形成并被不断地改变着"（《真理与方法》,第 457 页）。我们的经验在语言中展开。伽达默尔拒斥这样一种论调：在语言中所发生的是认识的进步，这样我们就愈来愈接近一个整体，犹如一种无限的理智所包含的那样。其实，我们并不能克服我们的有限性。为了解释他这个方面的思想，伽达默尔利用了思辨结构（speculative structure）这个概念。"思辨的"（speculative）这个术语涉及追随思想的辩证运动，它来自于黑格尔。但伽达默尔并不完全同意黑格尔对思辨的思想运动的理解。实际上，伽达默尔常常注意努力恢复黑格尔所谓的"恶无限"（bad infinity）的名誉。对于黑格尔来说，这种恶无限受有限性的影响。它是"恶的"或假的,因为它不是真无限（real infinity），它绝不是一个完全的整体。伽达默尔将这视为一种力量。恶无限向我们表明，我们是有限的，即使我们指向无限。他在自述中写道："整体绝不是一个对象，而是一个世界的视

域。这个视域将我们圈在里面，我们生活在其中。"（哈恩：《汉斯-乔治·伽达默尔的哲学》，第 37 页）

尽管伽达默尔并没有特别这样去表达，但可以说，语言就是恶无限。他写道：

○ 　　语言是有限性的记载，不是因为人的语言结构的多样性，而是因为每一种语言不断地形成和发展着。它所表达的经验世界不断增多。它是有限的，不是因为它不能同时是所有其他的语言，而是因为它就是语言。（《真理与方法》，第 457 页）

当我们认识到语言是一切经验的视域时，伽达默尔试图追随对于我们可资利用的有限的经验。他指出，语言的结构是思辨的，这意味着语言保持着有限而让意义的无限表达出来。

伽达默尔对语言思辨结构的讨论始于关于隶属性（belonging/Zugehorigkeit）的论述。他再一次肯定，对人的语言经验的论述并不限制在将语言作为人所使用的东西来经验。如果我们在语言的视域内经验，那么我们就隶属于语言。

伽达默尔利用德文词之间的联系，探究了倾听（heearing/horen）的辩证法。他主张，倾听之所以是独一无二的，在于一个讲话的人必须倾听，无论这个人想听与否，倾听甚至是一条"通向整体的途径"。（《真理与方法》，第 462 页）尽管伽达默尔对倾听的辩证法的论述很简单，需要发展，但是他试图表达的要点是清楚的。在倾听中，听者听到；而且在倾听语言的过程中，听者听到整体，听到能被理解的存在。并不是人的行为带来听，隶属性意味着我们被言说。伽达默尔认为，进入一个事物的语言不是我们对事物的行动，而是事物本身的行动。他并不是说思想和人的概念的发展不重要，然而正如倾听要求人去听一样，思想要求我们"跟从主题本身"。(《真理与方法》，第464页）理解的经验是有某物对你发生的经验，它是一种强烈的情绪。在解释文本的过程中，任务是要让文本自己努力。正如倾听是听到一个整体一样，解释性地表达一个文本的话语也表达着文本意义的整体。

伽达默尔挑选了"思辨的"这个概念作为描述整体经验的特殊手段。这种整体经验在语言的有限性中是可能的，而且在人的经验的有限性之内也是可能的。他写道：

> 语言本身具有某种思辨的因素……作为意义的实现，作为讲话、调解和达到理解的事件。这样一种实现之所以是思辨的，就在于体现在语词中的有限的可能性指向意义的无限性。(《真理与方法》，第469页）

语言是思辨的，不是因为它反映个别的存在，而是因为它指向回到整体的存在。伽达默尔以日常语言和诗的语言为例来说明这一点。

在日常语言中，当一个人有某事要对另一个人言说时，就必须找到易懂的语词。并不是每一个被意指的东西都被说出来，但所说的东西指向未说的东西。日常的对话似乎是一种简单的行为，然而在这种对话中展露的却是一个世界。我们所说的语言是开放的，特殊的表达和整个语言的视域联系在一起。我们的对话在持续地进行，甚至当它忽然中断时也是如此，它们涉及来回往返。为了说明这一点，伽达默尔将日常语言的这种开放同法庭要求的陈述作了比较。在法庭上，只有所说的能被理解为案件的一部分，在这种情况下，当意义被还原到所说的，曲解便不可避免了。真正希望知道内情的证人想要说得更多，并想进入到对话。但在法庭上，意义被分配给一个事件，而不是从这个事件中引发出来。在日常语言中所说的内容本质上限于它所表达的范围，但不是整个地限定它，而是通过不排除未说的东西来认识它与整体的关系。诗的语言更突出了同存在整体的关系。伽达默尔指出，诗歌作品通过提出一个新观点去敞开一个世界。语词被允许采纳一种新的意义，以便带来新的世界。在每一种场合下，语言是思辨性的，因为它以其有限的经验对无限敞开而又保持着有限。在"事物的本性和事物的语言"一文中，伽达默尔对此表达得更清楚。他指出，语言"展示一种永远有限的经验，但这种经验决不会在几乎不能猜测，不能言说的无限性的方面遇到障碍"（《哲学解释学》，第80页）。

人相互隶属的空间

伽达默尔对语言的探讨在他的哲学解释学研究中达到顶峰。对他的哲学在恢复语言概念的过程中所采取的步骤的重要性，无论怎么评价都不会过高。伽达默尔认识到，没有任何解释和翻译是"能够像原作那样理解的"（《哲学解释学》，第68页）。记住这一点很重要：解释者的任务是努力站在被解释者的总的方向内并在解释中继续朝着这个方向去努力。还有许多有关伽达默尔论语言的论著值得提到。伽达默尔所强调的关于语言特性的三个决定性的观点1966年发表在他的论文"人与语言"（Man and Language）中，它可以帮助读者进一步了解伽达默尔这方面的思想。

他所确立的语言的第一个特性是"属于语言的本质上的自我遗忘性"（self-forgetfulness）（《哲学解释学》，第64页）。当语言很好地发挥自己的功能时，说者并不意识到语言和它的结构及语法。在学习一种语言的过程中，我们将新的语言翻译成我们所懂得的语言。新的语言和一般的语言是显而易见的。当我们真正开始用新的语言进行理解的那一刻，语言本身消失了。伽达默尔说，这种经验表明"语言的存在在于它所说的东西"（《哲学解释学》，第 65 页）。语言将我们带入到一个共同的世界，一个我们同它分享生与死的世界。

语言还具有无我性（Ilessness）的特征。语言绝不是纯私人性的，它属于共同体。伽达默尔强调从人的对话经验中去理解语言的重要性就突出了这一特征。甚至当我们和自己交谈或进行内部的对话时，我们也是在对某人言说。

最后，伽达默尔挑明了他所谓的语言的普遍性（universality）。他指出没有什么能从语言中排除。语言是能被言说的一切领域。这是一个共同理解、不断更新和重建共识（agreement）的过程。在追随伽达默尔所确立的这种研究方向上，人们应当将语言思考为我们相互隶属的空间。我们并不是孤立的主体，而是活的传统和共同体中的一部分。正是在这种视域里，我们能够理解我们自己和人的有限性。

注释：

① 或译作《论正名》。——中译者注
② 指神以耶稣基督的身份化为人。——中译者注
③ Chenrezi，即真身、观世音菩萨。英语这个单词是根据藏音译过去的。——中译者注

6

On Gadamer ———————— 解释学的普遍性

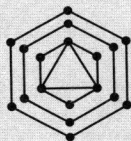

伽达默尔在《真理与方法》中对审美意识、历史意识和语言的研究支持了他的这一立场，即解释学必须是哲学。他认识到解释学开始是作为解释的方法，继而发展成为人文科学的方法论。在对自己的哲学生涯的反思中，他解释了他从中引出的结论：

> 思与说不可分割的联系使解释学成了哲学。一个人必须在语言中思考，即使他并不总是用同一种语言思考。解释学不可避免地要求普遍性是因为语言作为语言性（linguisticality）——Sprachlichkeit——构成了与理性本身不可分的人的能力。（哈恩:《汉斯－乔治·伽达默尔的解释学》，第 25 页）

伽达默尔年青的同事尤尔根·哈贝马斯对他的解释学的普

遍性是不可避免的观点进行了挑战。这种挑战发展成为众所周知的哈贝马斯—伽达默尔之争。为了与伽达默尔的哲学解释学保持一致，将这两位哲学家的争论看成是一场对话更为恰当。这场对话始于伽达默尔要求解释学的普遍性，继而引起哈贝马斯的质疑和挑战，以及伽达默尔对哈贝马斯的观点的进一步思考。想要阅读有关这个对话的主要材料的英语读者可以在《解释学传统》（*The Hermeneutic Tradition*）这部文集中找到大部分内容，它由 G.L. 奥密斯顿（Galye L.Ormiston）和 A.D. 希里夫特（Alan D.Schrift）编辑。以下凡未注出书名的引述皆出自这部文集。

伽达默尔论解释学的普遍性

伽达默尔的论文"解释学问题的普遍性"发表于 1966 年，它对他关于解释学的普遍性要求的理解作了最简明的解释。这篇论文从追问为什么语言问题成了 20 世纪哲学讨论的中心开始。他暗示通达这个问题的最好方式是追问下面这个问题：

我们自然的世界观——我们作为简单地生活的世界经验——如何与不可置疑而又匿名的权威联系在一起,这种权威以科学声明的方式与我们相遇。(第147 页)

伽达默尔坚持认为，17世纪以来，哲学的任务一直是将人类经验的整体和人类发展他们的认知能力的方式结合起来。进入20世纪，哲学已经转向语言以探索这个问题。伽达默尔相信这是恰当的，因为语言是我们生存在世的根本方式。哲学的任务就是要将"技术的世界"和对物的经验在这样一个世界里结合起来：这个世界既不是主观任性的，也不是能控制的。

一开始谈到这项任务时，伽达默尔就解释了审美意识、历史意识和解释学意识如何体现为异化的形式。他对审美意识和历史意识的论述本书第三章和第四章已讲过了。他重复了自己在《真理与方法》中已经发展了的观点，即强调：当审美意识要求君临于艺术经验之上时，"当同降临到我们身上的真实的艺术经验相比较时"，就存在着"一种异化"（第148页）。与之相类似，历史意识"只知道一个历史传统的……异化形式"（第150页）。解释学意识，按照施莱尔马赫的理解，是一种用来避免误解的方法论，它也断定理解的任务与某物的异化有关。伽达默尔认为哲学的任务，就是要克服所有这三种意识形式的异化。

伽达默尔继续概述了他在《真理与方法》中的研究，并坚持认为所有这些意识形式忽略了这样一种方式，即人在试图理解艺术作品或历史之前，已经与艺术作品或过去联系在一起了。他重复了他在早期著作中所提出的观点："与其说是我们的判断，不如说是我们的偏见构成了我们的存在"（第151页）。对偏见和权威的概念的修复告诉我们，正因为我们被某物占有，我们才能对新的某物开放。伽达默尔说，这就是解释学循环的认识：我们的理解总是以前理解为条件，没有这种条件，一切理解都是不可能的。

伽达默尔认为，审美意识和历史意识例子中出现的异化问题在自然科学中也存在。通过坚持这个观点，他进一步发展了自己的立场。自然科学所发展的方法论有助于人同生活经验的世界保持距离。生物学研究的例子能说明伽达默尔的观点。生物学家常常在实验室里工作，并将生活从生态学的处境中孤立出来。一个生物学家可以对场生物学（field biology）一无所知。生物学家研究的生命活动不同于日常经验的生命活动，相反与之相异化，相脱离。伽达默尔暗示这种异化尤其被技术的态度带到世界，而这种技术的态度是现代科学的一部分，它专注于支配和控制。

伽达默尔并不主张放弃科学或限制科学的探索，然而他关心的是科学的技术目的可能导致世界的瓦解。他问道："如果这些认知和制造的可能性之前提处于晦暗之中，那么其结果难道不会使应用这一知识的人类遭到毁灭吗？"（第 153 页）伽达默尔的立场，在某种意义上，是从他作为一个德国人在两次世界大战的经验中发展出来的。他阐述了他对统计学的关心。统计学对宣传的发展具有特殊的作用，然而，统计学中的对方法正确的掌握并不能保证方法一定用于生产性的人的目的。他注意到，虽然统计学似乎提供的是客观的事实，但"这些事实回答哪些问题，以及如果提到其他问题，哪些事实会提供说明，这些是解释学的问题"（第153页）。伽达默尔得出结论：哲学解释学并不限于人文科学，它还包括自然科学。实际上，伽达默尔认为，哲学解释学包括人类理解的一切形式，解释学所谈到的问题是普遍的，自然科学也需要追问解释学的问题。

伽达默尔断定，生产性问题（productive problem）的发展不是应用方法论的结果。这样的问题要求想象，要求看到什么是可质疑的能力。这并不意味着要在科学中放弃方法。相反，科学家需要很好地知道他们的方法，以至于将其运用于整个经验之内。在这个经验之内，富有成果性的观念能够产生。这种事情的发生并不是通过追随方法论，而是通过追问某种经验如何适应整体。伽达默尔提到过牛顿的苹果落地的经验，并以此作为例子。他坚持认为，即使在科学中，我们所观察到的仍是由基本的语言所组成的世界。科学置身于伽达默尔所说的问答逻辑中，这种逻辑从根本上讲是语言性的。科学所要求的理性并不在语言之外，或与语言相异化，而是就在语言之内建立起来的。

伽达默尔以小孩如何学会认识自己的母亲或说话为例，进一步说明了他的观点。虽然我们可以向一个孩子指出第一个词，但我们不能真正确认什么时候孩子学会说话的。因为第一个词出现时，一定已经有了一个被解释或熟悉了的世界。这个孩子并不说出一个陌生的经验，而是说出一个隶属的意义（a sense of belonging）。认识母亲的过程也一样。伽达默尔使用这些例子表明共同的理解和熟悉性，即他在《真理与方法》中所说的隶属性,使"冒险进入到陌生"和"丰富我们自己的世界经验"（第 156 页）成为可能。

伽达默尔的观点是：解释学的普遍性要求应理解为要求一切理解都被限制为语言。这是他在《真理与方法》的末尾处所坚持的立场。人生活在语言中，与现实的每一次遭遇都预设了语言性，预设了理解的语言结构。人的理性不能站在语言之外的某种立场，然后将这种立场用语言表达出来。甚至理性也是由语言构成的。解释学的任务就是要使语言的结构得到清楚地阐明。这并不意味着我们被限制在一个符号系统里或语言的相对主义中。我们生活于其中的任何语言都通向"可能表达的无限领域"（第 157 页），但是没有任何理性能站在语言之外。认识总是对一个问题的回答。科学并不能从这个语言所组成的世界中除开，科学也不能控制我们生活的经验世界。科学只是我们所是的对话的一部分。伽达默尔谈到这个对话时指出，它是"无限的对话"，这个对话"在我们存在的真理的方向上敞开"。（第 157 页）

哈贝马斯与解释学的批判

尤尔根·哈贝马斯参与了伽达默尔关于解释学和哲学解释

学普遍性要求的对话。1971 年，他发表了"解释学的普遍性要求"一文。在这篇论文中，他坚持主张科学能够独自达到事物的真理，能够处理事物而不需要语言的媒介，即科学能够远离日常语言世界去形成自己的理论。哈贝马斯对伽达默尔著作中关于理性和语言的密切关系的说法提出了质疑，而且他坚持认为理性的模式独立于日常语言的前提对于人的认识的发展来说是根本的。虽然他否定哲学解释学的普遍性要求，但他认为发展哲学解释学是有意义的。这种哲学思想的确在与现代科学的关系中发挥一定的作用，它有助于"将重要的科学信息译成社会生活世界的语言"（第 250 页），然而哲学解释学的普遍性要求并不是合理的。

哈贝马斯运用心理分析的例子进一步驳斥了解释学普遍性要求的观点，并将解释学的哲学应用置于正确的立场上。他希望他的讨论能捍卫哲学解释学，并指明如何更好地理解他所说的伽达默尔的浪漫主义的要求：我们不能超越"我们所是的对话"（第 253 页）。哈贝马斯坚持认为，如果哲学解释学不对解释学理解的限度进行反思，那么它就是不完全的。他似乎从这样一个前提入手：解释学与以一种非扭曲的方式进入到日常语言的东西有关。这样，他自己的非反思的前提就进入到了他对伽达默尔立场的解释中。然而他所提出的问题是重要的。

哈贝马斯继续提出理性和语言的关系的问题，以作为他发展心理分析的例子。但他还提出了一个更深层次的问题，这个问题涉及哲学解释学的政治意义。他质问伽达默尔为偏见和权威概念恢复名誉是否有利于压迫的永久性而不是人的解放。

哈贝马斯利用心理分析表明存在着"系统扭曲的交往"（第254页）的事例，而处于扭曲交往（distorted communication）中的人不能认识到这种交往是扭曲的。只有从外部观察者的角度才能认识到扭曲并使摆脱这种扭曲易于实现。在进行心理分析的环境中，治疗专家是外部的观察者，他采取一定的立场使康复工作减少困难，并使开放的或非扭曲的交往能够出现。哈贝马斯在说明深度解释学（depthhermeneutics）的过程中深入到细节。这种深度解释学被用于心理分析的情景中。哈贝马斯认为，这个例子表明不恰当的偏见不能在该情景中的那些生活经验中得到批判，只有通过外部的理解去引起对内部的说明的怀疑从而导致健康。他认为分析者并不是对话的一个成员，分析者的功能只是作为一个外在的标准，依靠这种标准，隐蔽的病理可以得到揭露。

心理分析表明，意见一致可以在扭曲的系统内达到。在这些系统中存在着欺骗的可能性，而没有克服欺骗的可能性。一个人信以为真的东西可以被当成真的以便能应付现实并生存下来。心理分析预设了一种理论，这种理论对某些交往不是从表面的价值上去看，而是将其视为隐蔽的病理学的符号。交往要成为自由的和非扭曲的就必须运用一种交往能力的理论（a theory of communicative competence）。

哈贝马斯相信作为深度解释学的心理分析的例子说明：为了使走向真实变得容易，解释学的意识必须超越语言并要求一个在处境之外的标准，即一个理性规定的原则。根据哈贝马斯的观点，这个例子表明理性独立于语言。他还认为，心理分析的例子可以扩展到社会的领域。这种扩展对普遍性的要求提出了一个更有意义的挑战。

哈贝马斯将心理学的情况扩展到社会领域。他认为在共同体中能取得一致似乎是合理的，也总是可能的。但是正如在进行心理分析的环境中，对一个人看来是合理的东西而实际上是虚假交往的结果一样，整个交往的系统也可以是扭曲的，支配的结构被永久化而不被意识到。任何一些例子都可以说明哈贝马斯的这一观点。当人们出生在一个奴隶制或其他的支配形式中，他们实际上可以将这种支配作为一种恰当的形式接受下来而意识不到任何解放的需要。哈贝马斯相信伽达默尔的哲学解释学就不能说明这种情况。如果这种批评有道理的话，那么它意味着伽达默尔排除了人类政治生活中的许多批判，这不利于人的政治的解放。

哈贝马斯特别关注伽达默尔对权威概念的修复。他确信伽达默尔的失败在于没能在权威和理性之间做出重要的区分。他写道："伽达默尔的论点预设了这样一个前提：权威建立在合法的认识和意见一致的基础上，而合法的认识和意见的一致能从暴力中自由地产生和发展出来。"（第269页）哈贝马斯认为在心理分析的情况和社会结构中，扭曲交往的经验对这一前提提出了挑战。哈贝马斯的意思是伽达默尔误把权威当成了理解的不可怀疑的前提。与之相对，哈贝马斯则坚决主张，权威是真正合法的力量，而不是合法的认识。伽达默尔的哲学解释学是有限的。但却没有认识到自身的限度，它应该认识到解释学需要一个理性话语的原则，以便让存在于社会系统中的疾病能被治愈。伽达默尔需要这个原则，这会要求他返回到区分权威和理性的启蒙运动。理性是理想化的意见一致的标准的源泉，它在摆脱了支配的交往中获致。

尽管对伽达默尔的著作进行了批判，但哈贝马斯仍坚持这样的观点：人不能超越我们所是的对话。然而他对这一论断的理解与伽达默尔有很大的不同。对于哈贝马斯来说，这意味着批判（这是他所提倡的哲学思维的形式）总是和传统相联系，并反思传统。批判必须总是要意识到这一点，而不是过于匆忙地去要求虚假的普遍性。但是批判的任务是将人从传统的疾病方面解放出来。哈贝马斯认为，活的传统受这些病理的支配，它产生社会的疾病。由于这一假定，哈贝马斯怀疑活的传统和它的自我批判的能力，如果没有外在的理性标准的话。

伽达默尔的回应

1971 年，伽达默尔用德文发表了"答我的批评者"一文。

在这篇文章中，他回答了哈贝马斯和其他对哲学解释学的普遍性提出挑战的学者。他谈到了哈贝马斯要求理性独立于人的语言性的观点，他还就哈贝马斯对权威概念使用的政治含义的质疑作了说明。在回答这些政治问题的过程中，他对哈贝马斯的解放的概念也提出了重要的质疑。最后，伽达默尔在同哈贝马斯的这场对话中发现了将解释学视为实践理性的重要性。

在回答哈贝马斯主张科学发展了它自己的系统，因而是独白的观点时，伽达默尔简单地指出：尽管这种情况很明显地存在着，但它并不能对哲学解释学构成合法的否定。他评论道：

○   提出了这一否定的哈贝马斯自己知道，这样的"理解"和专门的知识（它们构成了现代社会的工程师和专家的忧郁）缺乏恰当的反思，这种反思能赋予它社会的职责。（第 278 页）

伽达默尔的观点是：独白性的操作并没有证明科学能独立于人的生活经验的整体。的确，伽达默尔说，哈贝马斯对精神分析的应用表明科学需要社会的反思。科学不是以一种误解的方式发挥作用（这使它独立于日常生活经验），而是要求解释学的反思，这种反思要考察它所包含的前提。值得注意的是，伽达默尔讨论这一部分内容的观点为大量当代科学社会学的研究所支持。

伽达默尔很清楚对政治的关注是哈贝马斯问题的一部分，因而他的大部分回答都是针对这些问题的。他意识到哈贝马斯所使用的心理分析预设了一个前提，即：与占统治地位的社会制度相一致的社会意识支持它的强制性（coercive character）。哈贝马斯抓住这种意识是苦于一种社会精神疾病，它类似个体患者的精神疾病。然而，伽达默尔坚持认为"社会的伙伴关系是非常不同于精神分析中的那种关系的"（第 280 页）。这种差别的一个简单的例子是在分析和社会情景中讲述一个梦。当一个人在社会情景中讲述一个梦时，并不希望这个梦被处于抵制理论背景下的听者解释。这个梦并不是为了考虑到治疗而讲出来的。伽达默尔还提供了另一个例子：在一个受强烈情绪支配的政治讨论中，一个人对另一个人生气，所渴望的是反驳，而不是对生气的分析。伽达默尔坚持解释学的反思并不旨在治疗。解释学的反思与其说使一个人能够应付社会处境，不如说对这种应付产生干扰。伽达默尔指出，"解释学的反思消除自我理解并表明缺乏方法论的合理性"（第 281 页）。解释学的反思是一个不断提问的过程。

与之相类似，伽达默尔坚持效果历史的反思目的并不是实现自身或带来应用。他说，"相反，它的任务是阻止和从根本上消除一切根据最诱惑人的机会（这种机会被概念化）去理解传统的企图。"（第 282 页）伽达默尔指出，解释学的反思目的在于使一切意识形态成为可疑的，解释学的任务就是不断地进行辨别。

哈贝马斯所设定的理想条件是不可能的。伽达默尔强调进步的模式对解释学的研究并不是恰当的模式。他注意到，哲学解释学的确在具体经验环境中开始，这包括"自然的权威和它所寻求的追随者"（第287页）。伽达默尔暗示，哈贝马斯设定的在那些具体社会结构中所操作的东西将被理性发现是强制性的观点就是一个独断的偏见。

伽达默尔举了几个例子，它们包括爱和理想的选择。爱的语言在一个社会中可以是很固定的，哈贝马斯似乎主张，当这样的交往形式在一个社会是固定的时候，就表明它们带有强制性。然后哈贝马斯所要求的是解放，而伽达默尔怀疑这种解放的观念。他认为解放这个概念，正像哈贝马斯所使用的那样，一开始就假定认识为真，而不是努力达到一致。他举了一个他同意哈贝马斯的例子。哈贝马斯断言，社会对专家的信赖是一种迷信。伽达默尔不否认这一点，但不同意他的结论，即要求社会从这个阶段中摆脱出来。伽达默尔追问道："为什么解放的概念要求与阶段的概念联系起来呢？"哈贝马斯在使用阶段这个概念中预设了人类社会发展的类型，对于伽达默尔来说，这是错误的。（第290页）

伽达默尔不仅断定哈贝马斯误解了解释学反思的任务，而且他还断定哈贝马斯误解了哲学解释学所说的传统。认识到传统的重要性并不是偏爱"习惯性的东西"（第288页）。他强调，正如他在《真理与方法》中已经说过的，传统"只存在于不断地成为它所不是的东西之中"（第 288 页）。这与认识要么革命的一致要么保守的一致的真理无关。

继 续 对 话

哈贝马斯对伽达默尔提出的一些问题不得不涉及语言和理性的关系，而另一些问题则不得不涉及伽达默尔思想的政治意义。然而，很清楚这些问题是联系在一起的。对哈贝马斯来说，理性是一个标准，它站在权威的对立面上，并能充分地衡量解放的程度。伽达默尔并不认为政治问题能脱离它们的具体环境而得到解答。如果是那样的话，一致就成了问题。哲学解释学总是追问：被带入到寻求一致的对话的前提是否是独断的，或者它们是否开启人的理解。

当代一个涉及解放的例子有助于廓清哈贝马斯和伽达默尔对话的核心问题——当代女权主义寻求妇女的解放。如果哈贝马斯是正确的话，那么一旦独立的理性标准被用来反对那些社会标准的权威时，社会结构对妇女的压迫就能表现出来。随着理性的发展对这种支配的批判的深入，妇女的解放就会逐步地实现。这里，解放的概念是独立于妇女生活的经验被预设和被理解的。

伽达默尔并没有在自己的著作中直接谈到妇女在社会中的作用，然而他对哈贝马斯的回应有许多与当代女权主义相一致的东西。女权主义理所当然地要寻求妇女的解放，但它已经发展的哲学分析似乎更多地支持伽达默尔，而不是哈贝马斯。女权主义有时被指控为意识形态化了，这意味着它被用来预设一个真理，而没有对那一立场的批判开放。当一些女权主义者和某个女权主义者的立场在这种意义上被意识形态化时，20世纪女权主义运动更充分地说明了伽达默尔的观点。解放并不是某种独立于妇女具体处境的理性所把握的东西，相反，女权主义意识到要求妇女经验和批判它自己的前提的重要性。女权主义已经作为哲学的方式在发展。这种方式不断地重审它的概念，它批判自己的前提并且就女权主义本身不断地进行对话。它用来批判自身的概念并未被理性独立于语言而发展，相反，概念的发展和使用有助于批判其他的概念。在这一过程中，一个愈来愈开放，愈来愈减少压迫的空间向妇女敞开。解放出现了，但这是一个持续的过程。解放的概念在语言中构成，它不断地被重估。值得记住的是，这是一条伽达默尔采取的道路，它与第二次世界大战时期的纳粹主义有关。为了保留一个自由思想的空间——大学，这个伽达默尔选择待的地方，他尽自己最大的努力去挑战各种体制的自我理解，以使追求智慧的空间能够被保留。

　　尽管伽达默尔确信哈贝马斯需要重新思考他所使用的理性

和解放的概念，但他发现哈贝马斯所提出的问题是有益的。他写道："人类的善是某种在人类的'实践'（praxis）中所遭遇到的东西。离开具体的情境，一个东西比另一个东西更好是无法确定的。"（第 293 页）伽达默尔发展了这样一个洞见：解释学是"实践"，是实践哲学。同哈贝马斯的交流的重要性在于它使伽达默尔转向了更加清晰地表达解释学如何是实践哲学的思想。

7

On Gadamer ——————— 实践哲学

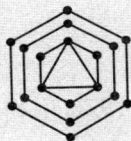

伽达默尔在 1976 年和 1979 年之间所发表的许多论文都谈到实践的问题，并且认识到解释学是实践哲学的意义所在。《科学时代的理性》出版于 1981 年，它汇集了这些论文中的一部分英译文。在这些论文中，伽达默尔更充分地说明了这样一项任务：真正地将科学纳入到人的自我理解中，以便获得对"人类一个新的自我理解"。关于这种新的自我理解，他写道：

> 我们非常需要做到这一点，因为我们生活在一个自我异化不断增长的状况中，它不只是由资本主义的经济秩序的特性所引起的，在一定的程度上，它还应归咎于我们人类对在自己的周围作为我们的文明建立起来的那种东西的依赖。(《科学时代的理性》，第 149 页)

伽达默尔证明并发展了《真理与方法》中的观点，即哲学解释学的任务是使人能够处理异化的经验和反思我们所具有的关于自己的认识。在根据实践哲学反思这些问题时，伽达默尔涉及人的自由。在走向作为实践哲学的解释学过程中，他建议帮助人类发展这样一种自我认识，这种自我认识能帮助我们意识到我们恰恰被那些我们相信是我们所控制的东西所支配。

亚里士多德和实践

伽达默尔要求用亚里士多德的哲学为理解作为实践哲学的解释学提供基础。他认为亚里士多德的实践哲学的概念有助于成为一个可错的智慧类型的典范，它标明人类生存的特性。伽达默尔通过回顾概念在传统中的源头，然后反思它们同现代经验的联系来恢复概念，这种方法引导他形成了反思作为实践哲学的解释学的出发点。

在解释亚里士多德的著作的过程中，伽达默尔强调亚里士多德区分了理论的、实践的和制作的科学。亚里士多德以一种非常普遍的方式去理解科学：科学涉及任何真知，科学是普遍地能够交流和传授的知识。理论的科学，对于亚里士多德来讲，涉及物理学、数学和神学；实践的科学与人类的善有关，它包括政治学和伦理学。在亚里士多德的思想中，理论的科学和实践的科学并不是相互对立的，实际上，他就将理论的科学视为一种实践，而实践的科学则与正确行动的普遍原则有关。然而，亚里士多德认识到有些人可以具有正确行为的知识，即具有给人带来善的行为的知识，却并不懂得体现在这些具体行为中的原则。

伽达默尔关注亚里士多德实践概念的两个方面：首先，实践"是最广泛意义上的生活行为的方式"（《科学时代的理性》，第90页）。在这个最一般的意义上，实践是一种生活方式，它是行动，因此，从广义上讲，一切动物都参与实践。然而，人在他们的实践中表现出爱好和事先的选择，人的实践包括可变的、多样可能的行为的选择。其次，这些选择发生在 Polis（希腊的城邦）里的自由公民中间，人的实践发生在开放的共同体的环境中。

亚里士多德将实践的科学同制作的科学（"techne"）区分开来。在实践的科学中，人自由地选择，而制作的科学是一种技能。技能是可传授的，技能不必根据它们与善的关系来解释，但实践的科学则必须这样做，它选择善。伽达默尔概括了亚里士多德对实践哲学的理解："它必须从实践本身产生出来，然后用一切典型的概括将其清晰地带入到意识中，再返回到实践。"（《科学时代的理性》，第92页）实践哲学类似理论哲学，这体现在它寻求普遍的知识；但是，它还类似制作的科学，学生和教师两者都必须包含在具体的情境中。但是实践哲学独特之处在于它专注于善的问题：什么是生活的最好方式？什么是一个善的国家？善不是一个私人的或个体的概念，而是一个共同体的概念。

科学与实践

伽达默尔将古希腊哲学作为大多数哲学概念的基础。西方传统在柏拉图和亚里士多德思想中有它的源头，这些源头存留至今，甚至当它们被后来的思想和概念的发展所掩盖时也是如此。然而，伽达默尔并不认为希腊人总是理解得最好，他主张研究我们概念的源头和基础有时能使我们重新敞开包含在这些概念中的意义。当我们的生活太接近一个概念时，我们有可能会忽视这个概念的丰富性和复杂性，解释距离能使我们以一种新的方式去理解这个概念，对科学和实践的理解也是如此。

在论文"什么是实践？"中，伽达默尔认为，当代科学从人们所熟悉的世界中离开，发展成为"通过孤立的实验建立起来的操作关系的知识"（《科学时代的理性》，第 70 页），这使科学和技术的联系更加紧密，科学为技术提供建造事物的理想。伽达默尔注意到：在整个中世纪，使用者为产品确立标准，匠人根据使用者的选择和决定制造东西；但是现代技术先制造产品，然后"一个让消费者惊讶和刺激需求的工业围绕着我们建立起来"（《科学时代的理性》，第 71 页）。人的选择在建立我们自己的世界中消失了。此外，伽达默尔说，我们在同世界的关系中失去了弹性和自由。我们享受着舒适，但我们却放弃了自由。

计算机技术的发展作为一个非常突出的例子能帮助说明伽达默尔的分析。科学在计算机知识领域中不断地向前发展，随着它的发展，新技术成了可能。计算机和相关的软件的进步比那些在日常基础上使用技术的人所能吸收的更快，使用者并不为这项技术确立标准，而且对相关的技术几乎没有选择。随着技术的发展，这项技术的市场也在发展，这使我们确信我们生活在一个我们必须成为技术时代的一部分的世界。计算机无处不在，人们信赖它们，但很清楚，计算机技术也限制了人的自由。随着计算机的速度愈来愈快，工作的效率也愈来愈高，但常常也使紧张加大：一个人坐在计算机旁，可以同时处理电子邮件、网上聊天、寄电子论文和电子文件，一旦计算机出了故障，人就不能工作了。

伽达默尔说，在现代生活中，科学同技术的这种关系遮蔽了对这样的问题的关注：工作是否或如何真正地使人们获益？技术的成就是否真正地服务于人生？伽达默尔暗示所发生的是"实践堕落成为技术并……总地倾向于社会的非理性"（《科学时代的理性》，第 74 页）。他用三个例子来说明这个观点。

伽达默尔的第一个例子是：实践的科学和制作的科学的区

分进一步恶化，这表现在日益发展着的对专家的依赖。他注意到，当代西方愈来愈多的社会有一个普遍的愿望，即我们需要计划性，这似乎是在渴望一个有理性的结构。尽管伽达默尔是在 20 世纪 70 年代谈到这一点的，但到了 90 年代这种要求更强烈。所有的体制采取了一种计划的模式，它包含确认使命、幻想和各种机制程序。伽达默尔指出，在计划的过程中，我们转向专家并期待这些人去掌握"实践的、政治的和经济的决策"（《科学时代的理性》，第 72 页）。专家确实具有亚里士多德所说的"techne"（技术）的知识，专家具有技能，但可能没有实践的和政治的经验，这种经验对于实践的知识来说是必要的。然而，社会却期待专家为社会决定善。尽管专家有最良好的愿望，但是他们并不能满足社会的期待。

此外，伽达默尔认为 20 世纪一直在经历着"公共舆论形成的技术化"（《科学时代的理性》，第 73 页）。20 世纪末，我们用技术去传播信息，技术媒体在形成公共舆论方面具有最强大的力量。我们所使用的形式，类似一切信息传播的形式，要求精选信息。伽达默尔相信，这种精选对于我们来说，会愈来愈多。例如，电视从冗长的采访中精选出 15 秒，这种信息与精选的图像一起，形成了我们的理解。伽达默尔说，"现代交往技术对我们心灵的更有力的控制是不可避免的。"（《科学时代的理性》，第 73 页）

尽管当代人所拥有的信息量可以不断增长，但伽达默尔注意到，这并未加强社会的理性。这种技术化的信息传递常常会导致公民丧失热情。人们意识到有关政治候选人的信息是精选的，并在荧屏上播放以给舆论留下深刻的印象。这样一来，就没有办法真正知道一个人是否在为最好的候选人投票，或者这个候选人是否能胜任公共事务。结果公众失去兴趣，公民们不参加民主，因为他们知道他们的投票并不重要。伽达默尔说，还会发生的是"适应特权地位的性质增多"（《科学时代的理性》，第 73 页）。他这句话的意思是社会系统鼓励的是适应性，而不是创造性。极少数人做出决定，更多的人只是执行，他们使社会功能化，但他们并不参与到对最好社会的选择。根据伽达默尔，这更进一步导致了实践智慧的丧失，并为技术所替代，对人的善的考虑并没有进入到与人的行为相关的选择。

伽达默尔相信，科学和技术的联系包含着对实践科学的排除，它对人类来讲有一个灾难性的后果，这就是生态危机。他暗示，我们的经验使我们意识到这种危机。他说，我们知道，"我们的经济和技术在我们迄今为止所走过的道路上的可能结果正导致预测未来生活在这个星球上是不可能的。"（《科学时代的理性》，第 84 页）如果我们能知道这一点，我们就能发展一种团结。当然这是一种出自于必要性的团结，为了生存下去，我们必须保护这个星球，而且我们可以做到这一点。当下所需要做的就是应恢复实践的概念，我们需要重新找到将善的重要性和科学的发展联系起来的道路，我们需要发展实践哲学。伽达默尔写道：

○ 　　实践就是引导自身并在团结中行动，然而团结是整个社会理性的决定性的条件和基础。赫拉克利特，这位"哭泣的"哲学家有一句名言：逻各斯（logos）对所有的人都是共同的。但是人们行动着，好像每一个人都有一个私人的理性似的，难道一定要保持这种方式吗？（《科学时代的理性》，第 87 页）

伽达默尔相信，并非一定要如此。解释学是能够为当代人提供所需要的哲学立场的，这种立场可以帮助人们认识到将对善的思考纳入到人的一切行为中，尤其是纳入到科学的行为中的需要。

作为实践哲学的解释学

如果解释学被理解为实践哲学，那么它就是一种与人的行为和人的善有关的科学。伽达默尔特别强调：解释学作为实践哲学表现在解释学的问题兴趣、它的任务的无终结性以及其对共同体重要性的认识。

伽达默尔指出，解释学推动着人们返回到一切行为背后的、能激发兴趣的问题，并对之进行思考。它将陈述看成是对问题的回答，问题被开启，而寻求影响人行为的问题的动机很重要。这样，解释学就认识到我们的问题反映的总是意识和无意识的动机。伽达默尔写道：

> 将陈述想象成是从天上掉下来的，想象成可以对它们进行分析，而不先考虑一下它们为何被陈述以及它们在什么意义上是对某物的回答，这样做是非常虚假的。（《科学时代的理性》，第 107 页）

在考察问题的过程中，哲学解释学寻找与这些问题不可分离的前提。这样，解释学通过追问什么是人们在他们的生活中看得非常重要的东西而执行着实践哲学的任务。人们所要求的是对他们视为自己生活中很重要、很有意义的东西给予指导。哲学解释学对伽达默尔讲的解释学处境作了说明，它确认了人们在他们的生活经验中所提出的问题。在确认这些问题时，它还使人们能够反思这些问题的恰当性。

探讨问题的任务是无止境的。伽达默尔认为我们永远不能充分地理解我们问题的动机和前提，这是因为解释学的任务并不像心理分析。解释学的任务不是将无意识的前提带入到意识中，尽管解释学作为实践的哲学也能帮助人们理解含糊不清的前提。但它告诉我们，无论我们怎样试图揭示所有的前提，总有一些东西保持在遮蔽的状态中，我们绝不可能将一切都带入到意识里。然而，伽达默尔说："尽可能地澄清存在于我们兴趣基础中的东西仍是一项合理的任务。"（《科学时代的理性》，第 108 页）

伽达默尔强调这个任务从根本上讲不是一项心理分析的任务。在阐述哲学解释学的这项任务的过程中，他继续同哈贝马斯进行对话。伽达默尔坚持心理分析并非在澄清人的兴趣方面的基础。当处境完全被遮蔽或扭曲时，伽达默尔相信心理分析扮演着一个重要的角色，它能使一个人重新达到平衡，并再次进入到共同体的对话。然而，在大多数情况下，不存在这样的交往的中断。伽达默尔解释了哲学解释学所执行的任务：

○　　　　理解的任务不仅是澄清最深的、刺激我们兴趣的无意识的基础，而且首先是从我们的解释学的兴趣所指示的方向和限度上去理解和分析它们。（《科学时代的理性》，第 108 页）

解释学经验的这个领域就是分享意义的领域。兴趣澄清的任务发生在对话中，在这种对话中，共同体内的人们努力确认并通过行动实现善。理解就是一种行动。

伽达默尔暗示，同其他类型的行动相似，理解总包含着某种程度的风险。他说理解就是一种探险，因而包含一定的冒险性，部分原因是在探险的途中，我们并不清楚将会发生什么，不清楚一个人在这样做的过程中可能出现的刺激和风险。当我们开始和他人对话并带着这样的意图，即确认我们的先见并让我们的经验挑战这些先见以便更好地确认人类的善时，我们就在拿我们的生存冒险。这种对话的结构类似伽达默尔在对审美意识的分析中加以发展的游戏结构。理解进入到游戏中，在那里我们不能对这个活动加以控制，相反我们被游戏所改变。伽达默尔写道：

　　但是当一个人认识到理解就是一种冒险时，这就同时意味着这种冒险提供了一个特别的机遇。它能够以一种特有的方式扩大我们人类的经验、我们的自我认识和我们的视域，因为理解所沟通的一切都是与我们自己的沟通。（《科学时代的理性》，第110页）

　　执行哲学解释学的这项任务保证了我们个人的自我理解发展的可能性，它还保证了形成和分享共同的视野和共同的语言的可能性。

　　伽达默尔强调，哲学解释学的典型是对话，在对话中，共同的语言被找到。当这发生时，所有的参与者都得到了改变。

他注意到这是一种进步，但这种进步不能根据阶段来衡量。这里，他又继续同哈贝马斯进行讨论。这种发生在对话中的进步必须被更新，并且是生活不断努力的结果。

伽达默尔得出这样的结论：他的哲学解释学的出发点不是一种新的方法或技术。在某种程度上，它也不是什么新的东西，"从根本上讲，它只是描述当一个可信的和成功的解释出现时总会发生的东西"。（《科学时代的理性》，第 111 页）哲学解释学所要做的是让我们注意到当我们理解时，会发生什么。理论和实践的作用是交织在一起的，我们并不是从理论开始，然后根据规则去应用它。更准确地讲，我们是从实践出发，从一个我们已经理解的处境开始，我们对这一处境的理论反思旨在使我们意识到在实践的处境中什么在发生。伽达默尔说："这种理论的态度只是使我们反思在理解的实践经验中到底什么因素在起作用。"（《科学时代的理性》，第 112 页）哲学解释学是实践哲学，它提高我们对理解经验的认识，这种认识并不保证正确的理解一定会发生，但它有助于理解的实践。

健康的例证

1996 年，伽达默尔的一部英文版文集以《健康的奥秘》的标题出版了，这部文集的写作跨度为 28 年，即从 1963 年到

1991 年。该书是哲学解释学作为实践哲学的一个出色的例证。里面的许多论文是针对一些医生写的，但具有广泛的可读性。它们还涉及健康，这无疑对当代人来说是很重要的，尤其是因为：

○　　　我们必须通过我们自己的生活方式去关心我们自己的健康。这种人人所承担的特殊责任可以在我们极为复杂的文明中扩大到非常广泛的领域。(《健康的奥秘》，第 viii 页）

这些论文具体说明了解释学作为实践哲学的任务。在这部文集中，伽达默尔承认了带入到分析中的某些前提。他指出了当代人所关心的健康问题并追溯了这些问题。他期待着可能建立在这一考察基础上的自我理解的出现。

伽达默尔的前提

伽达默尔的这些论文都以他在《真理与方法》中所发展的对哲学解释学的反思为前提。他的视域、效果历史和游戏等概念全被纳入到他所论及的健康领域。最重要的是他从这样一个前提出发，即现代科学是重要的，但却对人的生活和实践提出了挑战。他写道：

知识能独立于活动处境进行传播，从而同实践活动的环境分开，同时知识需要不时地在人类活动的新的处境中加以应用。现在人类的总的经验知识对他们的实际抉择起着决定性的影响。这同知识是不可分的，而这种知识是由专业知识所传递的。更重要的是，追求最大可能的知识是一种绝对的道德责任，这意味着今天一个人仍须通过"科学"被告知。（《健康的奥秘》，第 16 页）

这一前提引导伽达默尔走向作为科学和艺术的现代医学，它还引导他将自己的问题纳入到解释学的任务之中：我们怎样才能将科学同人的生活更充分地结合起来，以便让它能有助于人的自我认识和人的实践发展呢？

激发兴趣的问题

这部文集的标题篇论文是"论健康的难解性"（On the Enigmatic Character of Health），它特别有助于说明伽达默尔如何阐述激发兴趣的问题（motivating questions）。他认为，致力于与疾病和健康相关的广泛领域的问题将会导致"揭示一种根本的张力，这种张力是我们自己科学地建立起来的现代文明的部分特征"（《健康的奥秘》，第 105 页）。

伽达默尔确信作为医学基础的主要问题是这样的问题：如何能掌握或控制疾病？他注意到医学是一门真正的有关疾病的科学，与我们相关的是如何抵御疾病，就像某物抵御我们一样。医生和病人就是这样。医生寻找折磨病人的疾病以便将其从患者身上除去，病人也力图从身体上驱逐病魔，重新达到健康。然而一旦我们带着这个问题去恢复健康时，我们便忽视了健康的意义。伽达默尔说："很不幸，我们不得不承认，科学的进步一直伴随着我们不断降低对健康的普遍关心和对预防医学的愈来愈不重视。"（《健康的奥秘》，第 106 页）追问有关疾病的问题实际上导致我们对健康的忽视。

但是当我们确认和关注所提的问题时，我们就会对健康有了某种理解。伽达默尔说，我们能理解，健康是某种并不向我们呈现它自身的东西。他指出，健康"保持它自身适当的平衡和协调"（《健康的奥秘》，第 107 页）。健康不能被衡量，但医学的部分使命是恢复健康，这就是为什么医学必须既是一门科学同时也是一门艺术的原因。医生不仅必须能消除疾病，而且还必须使人的康复或痊愈变得容易。为了帮助重建健康的平衡，医生和病人都必须服务自然。

伽达默尔研究语言的用法以帮助说明医学如何需要服务自然。我们讲医生治疗或控制患者的病情，这个词的德文是"behandeln"（医治，治疗）。医生利用接触去诊断和治疗一个病人，而学会感觉身体是一门艺术，这门艺术要求实践和在这种实践中所得到的知识。为了说明这一观点，伽达默尔讲述了一个医生的故事。这个医生在海德堡，人们叫他克莱尔大夫（Dr.Krehl）。伽达默尔叙述道：1920 年，电子听诊器被引进，学生们问它是否对早期听诊器作了改进。克莱尔回答，"旧的听诊器倾听比较好，但我不能断定你们是否有足够的经验从它们中获益。"（《健康的奥秘》，第 109 页）对于医生来讲，学会治疗病人必须有直接的经验。

伽达默尔强调治疗的概念。他注意到我们常谈到将一个人治好了或没有治好。如果我们很好地治疗一个人，我们不会强制他们。伽达默尔指出：

> 重要的是要认识到他者的他性（otherness），而不是与之相反地去寻求为现代技术所推动的标准化的倾向、学校的权威或盲目坚持教师或家长的权威的专制控制。只有通过这样的认识我们才能希望提供名副其实的指导，以帮助其他人找到他们自己的、独立的道路。（《健康的奥秘》，第 109 页）

医生不能控制病人，而且既不应当这样想，也不应当这样做。医生提出建议，服务自然，而如何战胜疾病的问题引导医生去服务自然。

自我理解的产生

伽达默尔开始反思健康，他是通过建议揭示人性中的一个根本的张力来做到这一点的。这种张力就是我们既与自然对立又受自然支配。伽达默尔说，我们必须认识到，"我们只能通过我们自己成为自然的一个部分并通过受自然支配而与自然对立"（《健康的奥秘》，第116页）。

就病人和医生的关系来说，这意味着健康并不是某种能加以度量的东西，而是一个总的感觉良好的状态。健康是一种在世界中被包含和占用的（engaged）状况。伽达默尔认为健康是一种平衡的状态，而平衡容易受到干扰，所以不小心就不可能得到调整。任何曾经倒立过的人都会赞成这一点。当一个倒立着的人处于平衡或平静的状态中时，感觉良好无处不在，然而一个细微的调整动作，如用脚或肘动一下，就能使他倒下。同样，医生也不能控制身体的节奏或平衡。

伽达默尔注意到，"哲学家们面临的主要任务是远离具体事物，而同时又要真正清楚地解释某物"（《健康的奥秘》，第116页）。他对健康的反思并不是要给特殊的医疗过程或健康医疗系统提供建议，然而解释学是实践的，它帮助我们达到更充分的自我理解。在医学的病例中，它有助于我们认识到医学处于整个人类生命之内。如果认识不到与之搏斗的自然也就是要受其支配的自然，那么无论医生，还是病人都不可能战胜疾病。这一自我理解能使具体的选择，即减少控制、为健康做准备和承认自然在康复方面的作用变得容易。

通过伽达默尔对健康的反思所达到的自我理解有助于认识解释学所发展的自我理解，尤其有助于继续支持伽达默尔对理解发生在语言中和理解是人的共同体的活动的观点。理解是发展语言的任务，在语言中，我们有一种家园感。

8

On Gadamer ———————— 对话

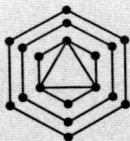

虽然伽达默尔在推进他的思想的过程中，对自己选择了保持沉默的态度，但他还是强调了在哲学中对话或交谈的中心地位。他对哲学解释学的发展是促进哲学作为真正对话的范例。本书集中探讨他的哲学立场的发展和一场对伽达默尔思想来说很重要的对话。与哈贝马斯的对话在伽达默尔的思想中具有重要意义，它有助于伽达默尔对实践哲学的强调。

然而，伽达默尔在其整个哲学生涯中，进行过许多对话。简明扼要地概述一下他的其他几个对话将有助于理解伽达默尔的哲学著作，这些对话中有些涉及他以前的哲学家，如柏拉图、亚里士多德和黑格尔，同他们在思想上的对话吸引过伽达默尔，

这些对话贯穿并改变了伽达默尔的思想。第 7 章包括亚里士多德对于伽达默尔的重要意义的一些说明，本章则要展示他和柏拉图和黑格尔对话的一些重要方面。其他的一些对话是在伽达默尔和他的同时代人之间展开的。第一章涉及这些对话的一部分。因为海德格尔对于伽达默尔来讲一直是一种特别重要的声音，对伽达默尔与海德格尔对话的进一步反思是有益的。此外，伽达默尔已经为很多论题的对话做出了贡献，而且他的研究促进了这些对话，包括文学艺术、社会科学方法论以及宗教。回顾这些不断进行的对话将作为这部导论性著作的结束。与伽达默尔的方法相一致，这些对话应当看作是开放的，我们也被邀请参与这些对话，并在这些对话中被改变。

与柏拉图对话

伽达默尔将自己教学生涯的大量时间都花在了古希腊哲学上，尤其是柏拉图（前 428—前 347 年）的哲学。他同海德格尔的关系帮助他在希腊哲学中找到了一条通向哲学的道路，这条道路能使哲学恢复生机。在伽达默尔开始他的学术生涯的那个时代，德国哲学为讨论康德和黑格尔所建立的体系所支配，这种通向哲学的方式强调以某种第一原理作为一切思想的基础。在古希腊思想中，伽达默尔发现了这样的一条哲学道路，即强调将哲学置于人的基本生存经验上的重要性。在古希腊哲学中，他还发现了另一条道路，即强调哲学必须在"我们所生活于其中的语言概念的和直觉的力量"（哈恩：《汉斯－乔治·伽达默尔的哲学》，第9页）中进行，哲学不能发明一套它自己的、独立于人的生活经验世界的语言。

伽达默尔断定柏拉图的对话，比其他任何哲学著作在他的思想中都留下了更深的印象。他特别注意到："正是……柏拉图的对话艺术有助于成为一副解毒剂，它消除我们认为自己作为犹太教—基督教传统的继承人所具有的优越感，这种优越感实际上是一种幻觉。"（哈恩：《汉斯－乔治·伽达默尔的哲学》，第32页）伽达默尔从柏拉图那里学到了作为教导我们自己无知的对话艺术，这意味着在对话中，我们逐渐明白我们生活中的伪知识。柏拉图的对话与其说是发展论证或哲学观念的学说，不如说是发展问题以及为问题所决定的方向的理论。伽达默尔指出，柏拉图将对话作为思想的艺术来发展，而"这意指认真提问的艺术，这种艺术追问一个人思这思那或说这说那时，其真正的意义是什么。一旦这样做，他就开始了一个旅程，更确切地说，他已经在这个旅程的途中了"。（哈恩：《汉斯－乔治·伽达默尔的哲学》，第33—34页）在阅读和理解柏拉图的著作中，伽达默尔得出了这样一个结论：人有一种自然的哲学倾向，柏拉图提供了一个对话者，在与其对话的过程中，他发展了自己哲学著作中的大部分基本的思想。

伽达默尔一些关于柏拉图哲学的论文对英语世界的读者很有帮助，其中"柏拉图与诗人"是他同柏拉图对话的很好的例子，这是他1933年提供给布尔特曼研究小组的一篇论文，于1934年发表。这篇论文对柏拉图的《理想国》和柏拉图决定禁止诗人进入这个城邦作了解释，它还有助于说明伽达默尔对国家社会主义的评价。伽达默尔引用了歌德的一句话作为开场白："无论谁将意志哲学化，都不能同时代的观念保持一致。"

伽达默尔这篇论文从讲叙青年柏拉图的故事开始。众所周知，青年柏拉图是通过写悲剧而接触到诗的，在他遇到苏格拉底并成为他的门徒后，他烧掉了自己的剧本。伽达默尔打算考察柏拉图烧掉他的悲剧的决定，并追问这种决定能对我们有什么意义。伽达默尔认为柏拉图并不是在断定哲学总是优于艺术，"相反他认识到在他做出这项决定时，苏格拉底的哲学并不是可以设法回避的，而诗人像其他人那样没能勇敢地正视这种必然性"（《对话与辩证法》第41页）。伽达默尔评论了柏拉图在许多对话中对待诗和哲学关系的态度，并得出这样的结论：柏拉图的立场是一个有意识的决定。对这个决定伽达默尔写道：

做出这个决定是苏格拉底和哲学所产生的结果，与他那个时代整个政治、精神文化相对立，是相信唯有哲学才有能力拯救城邦的结果。（《对话与辩证法》，第47页）

伽达默尔将柏拉图在《理想国》中对诗人的批判读作是柏拉图对古希腊传统的基础乃至整个古希腊传统的挑战的证明。

伽达默尔解释了柏拉图的城邦的目标在于揭示什么是权利和正义，这在柏拉图那个时代是需要的，因为当时诗被用来教育年青人：要重视正义，仅仅因为正义是有利的。诗一直被用来影响灵魂，或作为宣传。当伽达默尔在解释柏拉图并追问他为何对诗人如此尖刻时，他从1933年德国的环境出发清晰地提出了这个问题。伽达默尔描述了柏拉图在写作《理想国》时所企图建立的正义，这种描述并非简单地对柏拉图的立场作一种历史的叙述。他说：

> 　　正义和权利并不是某人在同另一个人的对立中所具有的权利，毋宁说，它就是正义的存在：每一个人自己是正义的，所有的人合起来都是正义的了。当每一个人警惕地盯着另一个人并加以防范时，正义并不存在；而当每一个人警惕他自己并捍卫他内在的权利和正义时，正义才存在。（《对话与辩证法》，第51页）

伽达默尔坚持认为柏拉图放逐诗人的目的是强调需要净化诗的传统。柏拉图写作《理想国》旨在唤醒希腊人懂得所需要的是建立一个正义的国家。追求权威不应被理解为《理想国》

中的政治典范，相反，《理想国》有助于激发人民提出问题。随着人们逐步学会提出问题，他们将在他们自己的灵魂中发现正义，进而成为更加公正的政治人，这就是所有由人民通过的公正法律形成的前奏。

伽达默尔的这篇论文对《理想国》中支持他的论断的部分作了广泛的解释，它值得和《理想国》联系起来读，以作为一个对历史时代和一些知识分子如何处理政治时代的洞察，同时也作为一个对伽达默尔哲学解释学发展的洞察。与哲学解释学的发展有关，这篇论文说明了伽达默尔后期思想对实践哲学强调的根源。哲学始于选择，并与人生的善有关。这篇论文还表明伽达默尔强调进行开放对话的开端。真正的对话，能使个体和群体公正地生活的对话，必须为问题所引导，必须认识到思想永远不会完成。

与黑格尔对话

乔治·威廉·弗里德里希·黑格尔（1770—1831年）发展了一个与总的和完整的体系融为一体的辩证法。黑格尔的经验的辩证运动的概念与柏拉图所强调的对话有着密切的联系。伽达默尔对对话和自身的历史处境很感兴趣，他生活在一个德国哲学同黑格尔的关系极为密切的时代，这要求他认真看待黑格尔对辩证法的理解。他写道，黑格尔的"辩证法是一个持久的富有激发性的源泉"（《黑格尔的辩证法》，第 3 页）。

伽达默尔在黑格尔那里发现了深刻的思想，但不同意黑格尔对绝对的追求。他相信黑格尔坚持全体和无限等于是结束了对话，却没有认识到整个辩证法或对话的无终结性。黑格尔的著作刺激着伽达默尔，因为它既富有洞见，又具有误导性。例如，黑格尔发展了柏拉图对话中的思想，哲学必须总是包括"对大全（whole）的预设，它深入地表达在语言中，这个大全是作为我们通向世界的道路的整体（totality）"（《黑格尔的辩证法》，第 3 页）。然而黑格尔要求这种辩证法是一个清晰的论证过程，而且打算让哲学超越意识哲学（这种哲学强调主客二分），然而他未能考虑到人类生存的有限性。

在同黑格尔思想作斗争的过程中，伽达默尔不得不展开了对这些问题的反思。尽管伽达默尔并不赞同黑格尔，但他和黑格尔的对话证明了与那些具有挑战性思想的人一起思想的重要性。伽达默尔逐步意识到他自己的工作是要恢复黑格尔的"恶无限"（bad infinity）的名誉。对于黑格尔来说,思想是无限的,因为它不断地超越每一个限度，恶无限似乎是无限的，但它真正是由超越它的东西所决定的。伽达默尔抓住这一挑战去思考有限而又开放的东西。

伽达默尔的论文"黑格尔的自我意识的辩证法"论述了这条通向他同黑格尔的对话的道路。他利用黑格尔发展当代的对话，而不接受黑格尔的整个体系。这篇论文发表于 1973 年，距离谈柏拉图的那篇文章 40 年，它论证了伽达默尔所强调的返回到传统的文本和让它们在我们当代的处境中对我们说话的重要性。在这篇论文中，伽达默尔对黑格尔《精神现象学》的第四章进行了非常仔细的解读。在这个极著名的章节里，黑格尔发展了人们常常提到的主奴辩证法（Master/Slave dialectic）黑格尔著作的这一部分为马克思在分析无产阶级和资产阶级的关系时所利用。伽达默尔的解读表明现象学的这一部分的重要性在于黑格尔发展了对人类自由的理解。伽达默尔相信，对这一章最好的阅读是将马克思的解释悬置起来，他注意到黑格尔没有描述工资劳动，而是描述了农业劳动和手工业劳动。

　　这篇论文写得很清楚，并且对阅读黑格尔的著作具有极大的帮助，它还说明了伽达默尔如何建议我们需要思考同我们传统哲学思想的关系。在解读黑格尔的过程中，伽达默尔发展了关于自由的对话，这种自由激发了黑格尔的许多思想。在阅读这段特殊的文字时，伽达默尔强调了黑格尔将对死亡的恐惧作为我们无法超越的大限（ultimate Master）来描述。伽达默尔的思想明显地受到海德格尔的作为向死而在（being-towards-death）的人的生存概念的影响。然而，正像他对黑格尔解读的那样，伽达默尔强调自由不只是对于一个给予了我们的自我的肯定，而且它还是“与对存在物的依赖相反的成功的自我决断”（《黑格尔的辩证法》，第 70 页）。在面对死亡时，在劳动中，我们能够将我们自己作为摆脱了物的支配的东西来认识。伽达默尔得出这样的结论：如果马克思在这一分析上是正确的，即在工业化的社会中，劳动并不能使工人找到意义，那么我们必须追问谁是自由的。在工业社会里，我们成了消费者，并且为物所驾驭。伽达默尔在黑格尔那里发现的真理是："如果要有自由，那么首先必须将我们依附于物的锁链打碎"（《黑格尔的辩证法》，第 74 页）。伽达默尔的观点是：富足，即拥有物质的东西，并不是一条必然通向自由的道路。当自由被理解为自我理解时，个体的或作为群体的普遍富足可能导致控制，而不是自由。伽达默尔对黑格尔的解读就是与他人的自由进行的对话，它表明自由仍然是一个敞开的对我们言说的问题。这样，伽达默尔尽管挑战了黑格尔的整个体系，但却利用了黑格尔丰富的思想。

与海德格尔对话

在吸引伽达默尔的所有思想家中，马丁·海德格尔（1889—1976 年）是最能激发伽达默尔思想的人，而且，伽达默尔自己的思想在最大程度上与海德格尔保持了一致。伽达默尔讲述了他第一次是怎样知道海德格尔的故事。1921 年在慕尼黑大学，有个学生在一个研讨班下课后眉飞色舞地谈论着什么，他使用一种令伽达默尔感到很奇怪的语言。当伽达默尔向主持这个研讨班的教师问及这种语言时，他得到的回答是："哦，这个，他已经海德格尔化了。"（《海德格尔的道路》，第 113 页）不太确切地讲，伽达默尔自己也被"海德格尔化了"。伽达默尔同海德格尔的交往确立了他正在形成的思想。尽管可以将伽达默尔的思想理解为对海德格尔思想的依赖和发展，然而更恰当地说，应将这两个人理解为走着类似的道路或踏上类似的旅程。由于这些道路不断地交叉、叠合，因此对于伽达默尔来说，海德格尔的思想在帮助他自己确立当时正在发展的思想方向上具有重要的意义。

海德格尔去世后，伽达默尔在题为"成为精神的上帝"（Being Spirit God）的纪念演讲中，阐述了自己对海德格尔的使命的深刻理解和同情。他在谈到海德格尔时说，"思想的激情使他颤抖——这种激情作用于他并产生出巨大的力量，激励着他去大胆地追问这些问题。"（《海德格尔的道路》，第 182 页）伽达默尔的演讲追溯了海德格尔的哲学历程，在叙述海德格尔的道路的过程中，伽达默尔自己的道路也被照亮了。

伽达默尔认为，海德格尔的思想始于这样一个问题，即：人如何能谈论上帝（How can one speak of God）？海德格尔的思想与提出这个问题有关，但不把上帝还原为人的知识对象。海德格尔发现，他不能像一个神学家那样追问这个问题而不陷入误解。为了追问这个关于上帝的问题，所需要做的是弄清楚还应追问什么问题，而这引导海德格尔进一步追问存在对于西方形而上学漫长的哲学传统的意义。谈论上帝的问题要求海德格尔开始一个哲学的旅程。

伽达默尔认为海德格尔在《存在与时间》的思想只是"存在问题的最初准备",尽管海德格尔的著作常常被读作对形而上学的否定。然而伽达默尔发现"忽然出现在海德格尔思想实验中的问题让形而上学的回答以一种新的或不同的方式言说"(《海德格尔的道路》,第 185 页)。伽达默尔相信,海德格尔在克服形而上学方面所做的努力是反对语言的抵抗。他在试图避免形而上学的概念和它们所包含的一切对象化的理解时,需要找到一种表达形式,所以海德格尔开始推进对概念限度的认识并找到恰当的概念,如弗里德里希·荷尔德林的诗和艺术作品。

海德格尔与语言搏斗为的是帮助人类栖居在世界的家园中。伽达默尔说,海德格尔在荷尔德林的作品中发现了希望,那就是"思想的对话仍能找到一个伙伴",甚至在面对神的远离时也是如此。他得出如下结论:"对话持续着,因为只有在对话中,语言才会产生并且继续发展———一种在一个愈来愈疏远的世界中我们感到在家的语言"(《海德格尔的道路》,第 195 页)。

伽达默尔并不是一个简单的海德格尔的追随者。实际上,伽达默尔从未采取海德格尔思想中的许多概念,伽达默尔写的有关海德格尔的其他论文能更清楚地表明他同海德格尔之间的差别。这里所说的主要是根据伽达默尔的观点来展示的海德格尔,也许海德格尔乐于接受。然而这里所讲的仍证明同海德格尔的对话对于伽达默尔形成自己的哲学思想是多么的重要!

继 续 对 话

伽达默尔的哲学解释学对当代许多哲学家的思想具有启迪作用。那些最接近他的研究者和继续推进哲学解释学的人承认，伽达默尔通过自己的著作和他个人的榜样使得对话共同体的形成变得容易起来。为他思想所引发的对话继续在许多领域里发展。例如，与柏拉图的关于解释学和政治学的对话已为弗莱德·达玛耶尔（Fred Dallmayr）的论文"解释学和正义"所推进，这篇论文被收入到卡特琳·莱特（Kathleen Wright）编纂的文集《解释的节日》（*Festivals of Interpretation*）中。达玛耶尔坚持在今天大众文化的时代，伽达默尔对柏拉图的解读提醒我们描述作为暴力的暴力（而不是作为惯常的行为），描述作为堕落的堕落（而不是作为世界的方式），描述作为痛苦的痛苦（而不是作为不可避免的东西）的重要性。他暗示伽达默尔的解释学能够帮助我们避免自我任性和无动于衷。

在笔者这部介绍伽达默尔哲学的书中详尽叙述所有这些正在进行的对话的细节是不可能的。除了已经提到的对话外，还有三个对话对于当代哲学的任务具有重要的意义。他的有关审美意识和文学文本的著作对美学和文学解释领域方面的对话仍有重要的价值；应当归功于他的思想的对话也在社会科学中发生着；他的著作还有助于关于宗教的对话。所有这些对话仍在进行。为了与伽达默尔的信念——我们在本质上都是哲学家——保持一致，下面将要介绍的这些对话意味着邀请读者参与并同哲学解释学进行对话。

美学和解释学

除了伽达默尔在《真理与方法》的第一部分所发展的对美学的反思外，他还写了很多关于艺术的论文，其中不少可以在罗伯特·伯拉斯科尼（RobertBernasconi）所编的《美的相关性》一书里找到。这些论文阐述了许多在《真理与方法》中所发展的概念，尤其是游戏、象征和节日的概念。他说明了这些概念如何提供自我理解，并向我们表明一旦我们进入建构的活动中，我们便参与到不能为我们自己所左右的事物的经验。他通过指出艺术向我们揭示我们的有限性，尤其是我们建构和保存意义的可能性，发展了他对艺术的理解。伽达默尔写道：

> 艺术作品为人的生存的普遍性提供了一个完美例子——人的生存是建构世界的永无止境的过程。在一个一切熟悉的东西都消除了的世界中，艺术作品则作为一种秩序的象征存在着。（《美的相关性》，第 103—104 页）

伽达默尔对艺术的讨论以同黑格尔的对话为背景。他主张我们不应当指望艺术能提供一种完全的自我理解，也不应当指望审美经验能替代宗教的经验。

在《真理与方法》中，伽达默尔强调文艺作品的重要性，以及与文本进行对话的解释学的任务的重要性。许多对话展示了他的著作这个方面的内容，这些对话集中于文本解释的问题。1981年，一个特别重要的对话开始了，伽达默尔和雅克各·德里达在巴黎的一个研讨会上提交了各自的论文。德里达在文学理论方面的著作以解构著称，它对当代的哲学也具有极为重要的意义，并在当代许多思想领域产生了相当大的影响。

伽达默尔和德里达提交的论文以及继而发生的对话可以在狄阿纳·米歇费尔德（Dianne Michelfelder）和理查德·帕尔默（Richard Palmer）合编的《对话与解构》的文集里找到。在两人的讨论中，很清楚，伽达默尔和德里达对解释具有不同的理解。伽达默尔回答德里达时也承认对德里达的有些问题在理解上有困难，然而他写道："当我强调一个人决不会预先知道他会发现自己是什么时，我相信，我不会离德里达的意思太远。"（《对话与解构》，第57页）伽达默尔意识到，在德里达的思想中有理解人的有限性的愿望。这场对话引起了许多讨论，并在所引出的这样一个问题中持续着：哲学的语言和诗的语言如何相互隶属而又存在着分歧？尽管这场对话似乎主要是一场学术性的对话，但它对弄清人的自我理解和共同体的内涵很有意义。如果说，正是在哲学和文学以及这两者的对话的场合下有助于理解我们是谁，那么如果在我们社会中设制这些活动和文本的界限则会妨碍我们自己的自我理解的可能。

社会科学与解释学

伽达默尔同哈贝马斯的对话激发起许多有趣而又重要的关于社会科学与解释学的对话，这些讨论大多与理论的作用有关，尤其是与交往和社会进化的理论有关。有些对话同哈贝马斯或伽达默尔的思想存在着密切的联系。其他人发展了关于解释学和社会科学的对话，他们虽未介入伽达默尔和哈贝马斯的讨论但却与这场讨论有关，许多对话涉及一种解释的社会学（interpretive sociology）的发展。

当这场对话在社会科学领域中进行时，安东尼·吉登斯（Anthony Giddens）是一个重要的声音。他写了不少著作，在对社会科学和解释学的关系的反思中，他涉及了许多思想家。他的论文"解释学和社会理论"被收入到伽里·夏皮罗（Gary Shapiro）和阿兰·希卡（Alan Sica）合编的《解释学、问题及前景》（*Hermeneutics, Questions and Prospects*），它为参与这场对话提供了一个有益的起点。在这篇论文中，吉登斯总结了他的所谓的结构理论，还发展了一种"双重解释学"（double hermeneutics）。这种解释学的第一部分依靠韦伯的社会学，使用力量、需要、意图和文化过程等概念解释了社会的行为；这种解释学的第二部分研究了应用于人建构起来的理论本身的语言。虽然吉登斯没有对伽达默尔解释学的任务和发展作出说明，但他的研究显然受了伽达默尔对话的影响，并且还继续受这样一个问题的影响，即：已处境化的人如何能在共同体中理解他们自己和理解怎样去建立人的共同体？

宗教与解释学

索伦·克尔恺廓尔（1813—1855）是黑格尔的批判者和当代存在主义的先驱。他从人的有限性和更充分地理解人的有限性的观点出发，发展了一种通过间接的交流去谈论无限的方式。伽达默尔抓住海德格尔具有刺激性的问题：人如何能谈论上帝？他还注意到海德格尔发现这个问题只能间接地谈论。虽然正是海德格尔的哲学思想对当代关于宗教和解释学的对话具有最大的影响，但伽达默尔的思想也开始并不断地返回到宗教的经验和概念的根本重要性上来。伽达默尔富有刺激性的问题与克尔恺廓尔和海德格尔相似。为了避免被迫回答这样的问题：对于有限的人来说经验无限何以可能，他也采取了一条间接的道路。

在《真理与方法》中，当伽达默尔发展哲学解释学时，他利用了许多宗教概念。正如本书第 5 章所表明的那样，道成肉身对于他的著作具有特殊的重要意义。伽达默尔还依靠最初由克尔恺郭尔后来由犹太神学家马丁·布伯①发展的我—你关系（I-Thou relationship）的概念，他使用这个概念去帮助描述传统如何在解释学的经验中被遭遇。我—你关系包括一个道德的经验，在这种经验中，一个人与"你"（Thou）处于一个活的关系中。"你"被看作是在这种活的关系中的一个人，"你"不是一个认识的对象。实际上，如果"你"被思为一个对象，这个道德的关系就被消灭了，我—你关系也就不存在了。这种关系在日常语言的运用中被反思，当我们说我们理解了一个人时，我们的意思是我们被他们的生命所占有，他们是作为一个人被认识的。他们能让我们认识和理解他们自己，也能不让我们认识和理解他们自己。

伽达默尔没有为了说明宗教的问题而去分析我—你关系的概念，然而很明显，他用这个概念和其他宗教的概念要表明宗教的经验对于人的一切经验的重要性。宗教的经验采取我—你关系这种形式，进而展示了人的经验被占有（engaged）和具有关系性（relational）是多么根本，它还突出了语言对这种被占有的联系的重要性。

对于伽达默尔的思想而言，另一个说明宗教概念，尤其是基督教的概念的重要性的例子在"审美和宗教的经验"这篇论文中，这篇论文被译成英文并被收入到《美的相关性》这部文集里。伽达默尔并不试图去建立神学，然而他反思了福音书是自由地被赋予的这一说法的意义。他写道：

○
> 如果基督教的预言并不象征这样一个自由的被给予，即一个自由的应允（它被指示给我们每一个人，虽然我们对它没有任何要求），那么宣告它的使命就蕴含着我们对它的接受。（《美的相关性》，第 148 页）

宣告（proclamation）并不是对预言（message）的简单重复，它要求预言以一种能实际达到人民的方式被宣告，而对它的理解属于预言的交流。伽达默尔从宣告本性的实现上对基督教的传教士的使命作了描述。伽达默尔对殖民地传教士的热情没有给予支持。他说，福音的预言并不像艺术的预言。令我们惊奇和恐惧的是，艺术可以告诉我们，什么是我们能得到的；而基督教的预言则"告诉我们什么是我们不能得到的"。（《美的相关性》，第 153 页）

　　1994 年，伽达默尔应邀出席一个关于宗教的讨论会，它在喀普里岛（Capri）②举行，参加者有德里达、吉阿尼·瓦提莫（Gianni Vattimo）和其他几个人。此次对话为这样一个问题所引发：宗教的复兴真是某种不同于上帝之死的事情吗？这种讨论很明显是在海德格尔思想的影响下发展起来的。伽达默尔的论文"在喀普里的对话"有助于了解这场对话，它载入德里达和瓦提莫合编的文集《当代宗教和文化记忆》（*Religion，Cultural Memory in the Present*）中。这部文集记录了这次谈话的内容。伽达默尔强调需要将这次对话向其他参与者敞开，尤其是妇女和那些来自非欧洲宗教传统的人们。如果在这个方面不能达到充分的全球视野，宗教经验就不能被考虑。

　　然而，伽达默尔认为，有一件事从未在宗教经验中缺席，这就是"对一个人自己的死亡以及对实际死亡经验的不可能性的认识"（《当代宗教和文化记忆》，第 205 页）。他说，这告诉我们人究竟是什么，作为人类，我们对自己的限度和终结有所认识。伽达默尔通过回顾古希腊悲剧发展了这一论断，埃斯库罗斯③所写的普罗米修斯的故事。是一个作为向人类掩盖他们的死亡时刻的故事，伽达默尔指出：

○

　　　　我们从这部戏剧中所学到的是：不可理解的神秘和死亡的荒诞相伴随着，就像嫁妆一样。能想象未来将人和动物区别开来了，而这是一个危险的馈赠。似乎在期待什么即将来临的时候，我们便身不由己地被引向去从事超越必然死亡的思考了。（《当代宗教和文化记忆》，第 206 页）

伽达默尔将超越死亡的意图和语言联系起来，并暗示这两者是不可分的。每一个都让某物以它缺席的方式被带到我们的面前，人类的使命就是生活在对这一目标的敞开中。

平静的话语

伽达默尔的著作能引发许多对话。参与这些对话时，我们最好记住伽达默尔对平静（quietness）的强调。20世纪已经成了一个阶段，在这个阶段中，人类的生存面临着各种引起激动和恐惧的可能。在"诗人正沉入平静吗？"（*Are the Poets Falling Silent*?）这篇文章中，伽达默尔认为，我们时代最需要的是平静的话语。他写道，"只有最平静的话语才能加强共同体，进而加强人类的力量，它是你我在话语中发现的。"说者和听者都必须注意这样的话语。伽达默尔用下面这样一个问题作为该文的结束：

> 谁能决定哪一种充满技能的经验从技术文明的生活进入到这些语词结构并在它们中被把握，以便我们能够在我们的这个家中忽然遇到并迎接作为熟悉物的现代世界强大的陌生性？（《伽达默尔论教育、诗歌和历史》，第81页）

注释：

① 马丁·布伯（1878—1965年），德国著名的宗教哲学家，也是西方当代最伟大的思想家之一，他的"我—你关系"的思想不仅具有重要的宗教意义和哲学意义，而且还有重要的解释学意义。——中译者注

② 喀普里岛在意大利的那不勒斯湾内。——中译者注

③ 埃斯库罗斯（前525—前456年），古希腊悲剧诗人。——中译者注

On Gadamer ———— **重要术语德英汉对照表**

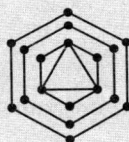

Geisteswissenschaften/human sciences or humanities： 精神科学，人文科学

Horen/hearing：倾听

Spiel/play：游戏

Sprachlichkeit/linguisticality;the linguistic condition of understanding：语言性，理解的语言条件

Uberlieferung/tradition：传统

Vorurteil/prejudice：偏见

Wirkungsgeschichte/effective-history：效果历史

Zeitenabstandes/temporal distance：时间距离

Zugehorigkeit/belongingness：所属，隶属

On Gadamer ——————— **参考书目**

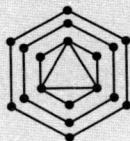

伽达默尔著作的英文版

《对话与辩证法：八篇关于柏拉图的解释学的研究》
(*Dialogue and Dialectic*：*Eight Hermeneutical Studies on Plato*. Trans. P. Christopher Smith. New Haven，CN：Yale UP,1980.)

《健康的奥秘：科学时代的医疗艺术》(*The Enigma of Health*：*The Art of Healing in a Scientific Age*. Trans. Jason Gaiger and Nicholas Walker. Stanford，UP，1996.)

《汉斯–乔治·伽达默尔论教育、诗歌和历史：应用解释学》(*Hans-Georg Gadamer on Education*，*Poetry*，*and History*：*Applied Hermeneutics*. Ed. Dieter Misgeld and Graeme Nicholson. Trans. Lawrence Schmidt and Monica Reuss. Albany，NY:SUNY Press，1992.)

《黑格尔的辩证法：五篇解释学的研究》(*Hegel's*

Dialectic：*Five Hermeneutical Studies*. Trans. P. Christopher Smith. New Haven,CN：Yale UP,1976.）

《海德格尔的道路》（*Heidegger's Ways*. Trans. John W. Stanley. Albany，NY：SUNY Press，1994.）

《柏拉图—亚里士多德哲学中的善的理念》（*The Idea of Good in Platonic-Aristotelian Philosophy*. Trans. P. Christopher Smith. New Haven，CN：Yale UP，1986.）

《对话中的文学与哲学：德国文学理论的论文集》（*Literature and Philosophy in Dialogue*：*Essays in German Literary Theory*. Trans. Robert H. Paslick. Albany，NY：SUNY Press,1994.）

《哲学的学徒时期》（*Philosophical Apprenticeships*. Trans. Robert R. Sullivan. Cambridge：MIT Press，1985.）

《哲学解释学》（*Philosophical Hermeneutics*. Trans. David E. Linge. Berkeley：U of California Press,1976.）

《科学时代的理性》（*Reason in the Age of Science*. Trans. Frederick G. Lawrence. Cambridge：MIT Press，1981.）

《美的相关性及其他论文》（*The Relevance of the Beautiful and Other Essays*. Ed. Robert Berasconi. Trans. Nicholas Walker. Cambridge：Cambridge UP，1986.）

《真理与方法》（第 2 版）（*Truth and Method*. Second Edition Trans. Revised Joel Weinsheimer and Donald G. Marshall. New York：Crossroad，1992.）

研究性著作及文集

理查德·J. 伯恩斯坦:《超越客观主义与相对主义》
（Berstein,Richard J. *Beyond Objectivism and Relativism*.
Philadelphia： U of Pennsylvania Press， 1983.）

约瑟夫·布莱希尔:《当代解释学》（Bleicher， Josef.
Contemporary Hermeneutics. London： Routledge & Kegan Paul，
1980.）

詹姆斯·狄森索:《解释学和真理的揭示：海德格尔、伽
达默尔和利科著作研究》（Dicenso, James. *Hermeneutics and
Disclosure of Truth*: *A Study in the Work of Heidegger*， *Gadamer*，
and Ricoeur. Charlottesville： UP of Virginia， 1990.）

雅克·德里达和吉阿尼·瓦提莫编:《当代宗教、文化记忆》
（Derrida,Jacques and Gianni Vattimo. ed. *Religion*， *Cultural
Memory in the Present*. Stanford， CA： Stanford UP， 1996.）

金·格罗丁:《哲学解释学导论》（Grondin,Jean. *Introduction
to Philosophical Hermeneutics*. New Haven， CN： Yale UP，
1994.）

莱维斯·埃德文·哈恩编:《汉斯－乔治·伽达默尔的
哲学》（包括伽达默尔的自传）（Hahn,Lewis Edwin,ed. *The
Philosophy of Hans-Georg Gadamer*. Chicago： Open Court，
1977.（Contains Gadamer's Autobiography）

诺伊·J. 霍华德:《三种解释学》（Howard,Roy J. *Three Faces of Hermeneutics*. Berkeley，CA：U of California Press，1982.）

大卫·库兹恩斯·霍伊:《批评的循环》（Hoy,David Couzens. *The Critical Circle*. Berkeley，CA：U of California Press，1982.）

斯坦发努斯·克莱希克编:《当代文学解释学和古典文本的解释》（Kresic,Stephanus，ed. *Contemporary Literary Hermeneutics and Interpretation of Classical Texts*. Ottawa：Ottawa UP，1981.）

G. B. 麦迪逊:《后现代解释学》（Madison,G. B. *The Hermeneutics of Postmodernity*. Bloomington，IN：Indiana UP，1988.）

狄阿勒·P. 米歇费尔德和理查德·E. 帕尔默编:《对话与解构：伽达默尔与德里达之争》（包含伽达默尔写的五篇论文）[Michelfelder，Diane P. and Richard E. Palmer，eds. *Dialogue and Deconstruction*，*The Gadamer—Derrida Encounter*. Albany，NY：SUNY Press，1989.（Contains five essays by Gadamer）]

盖勒·L. 沃米斯顿和阿兰·D. 席里夫特编:《解释学的传统》（Ormiston，Gayle L. and Alan D. Schrift，eds. *The Hermeneutic Tradition*. Albany，NY：SUNY Press，1990.）

理查德·E. 帕尔默:《解释学》（Palmer，Richard E. *Hermeneutics*. Evanston，IL：Northwestern UP，1969.）

拉乌莱恩斯·K. 希米德:《汉斯–乔治·伽达默尔的认识论》（Schmidt，Lawrence K. *The Epistetemology of Hans-Georg*

Gadamer. Frankfurt：Peter Lang，1985.）

格里·夏皮罗和阿兰·希卡编:《解释学、问题及前景》
（Shapiro，Gary and Alan Sica，eds. *Hermeneutics*，*Question and Prospects*. Amherst，MA：U of Massachusetts Press，1984.）

胡·J. 希维门编:《伽达默尔与解释学》（Silverman，Hugh J.，ed. *Gadamer and Hermeneutics*. New York：Routledge，1991.）

P. 克里斯多弗尔·史密司:《解释学与人的有限性：走向道德理解的理论》（Smith,P. Christopher. *Hermeneutics and Human Finitude*：*Toward a Theory of Ethical Understanding*. New York：Fordham Press，1991.）

罗伯特·舒里文:《政治解释学：汉斯－乔治·伽达默尔的早期思想》（Sullivan,Robert. *Political Hermeneutics*：*The Early Thinking Of Hans-Georg Gadamer*. University Park，PA：Penn State UP，1990.）

布莱斯·R. 瓦锡特豪舍编:《解释学与现代哲学》（Wachterhauser，Brice R.，ed. *Hermeneutics and Modern Philosophy*. Albany，NY：SUNY Press，1986.）

吉沃吉亚·瓦尔克:《伽达默尔：解释学、传统与理性》（Warnke,Georgia. *Gadamer*：*Hermeneutics*，*Tradition*，*and Reason*. Stanford：Stanford UP，1987.）

乔·C. 威舍默:《伽达默尔的解释学:〈真理与方法〉导读》（Weinsheimer，Joel C. *Gadamer's Hermeneutics*：*A Reading of Truth and Method.* New Haven，CN：Yale UP,1985.）

加奈特·沃尔夫:《解释学哲学和艺术社会学》(Wolff, Janet. *Hermeneutic Philosophy and the Sociology of Art.* London：Routledge & Kegan Paul,1975.）

卡特琳·莱特编:《解释的节日》(Wright，Kathleen,ed. *Festivals of Interpretation.* Albany,NY：SUNY Press,1990.)

悦·读人生|书|系|

生为人，成为人，阅读是最好的途径！

品味和感悟人生，当然需要自己行万里路，更重要的是，需要大量参阅他人的思想，由是，清华大学出版社编辑出版了这套"悦·读人生"书系。

阅读，当然应该是快乐的！在提到阅读的时候往往会说"以飨读者"，把阅读类比为与乡党饮酒，能不快哉！本套丛书定位为选取国内外知名学者的图书，范围主要是人文、哲学、艺术类。阅读此类图书的读者，大都不是为了"功利"，而是为了兴趣，希望读者在品读这套丛书的时候，不仅获取知识，还能收获愉悦！

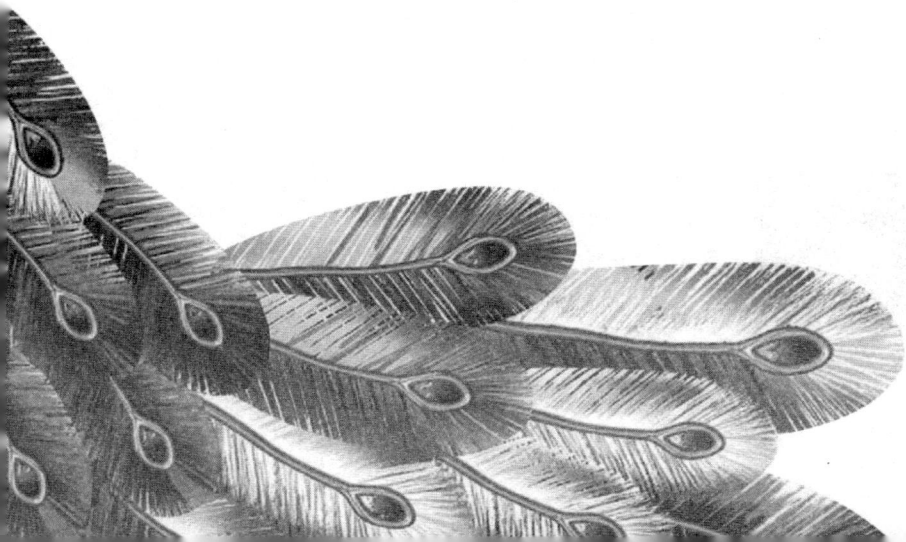

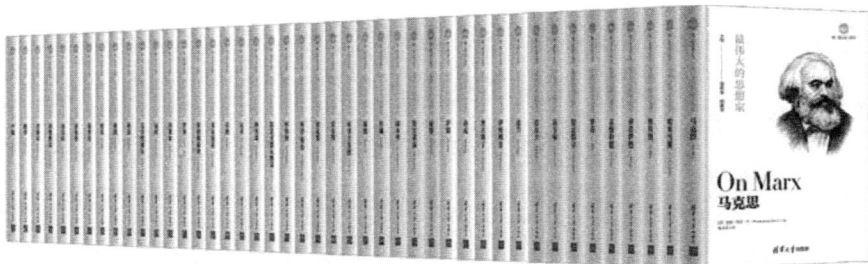

"最伟大的思想家"

北大、人大、复旦、武大等校30位名师联名推荐，集学术性
与普及性于一体，是不可多得的哲学畅销书

聆听音乐（第七版）

耶鲁大学公开课教材，全美百余
所院校采用，风靡全球

大问题：简明哲学导论（第十版）

全球畅销500万册的超级哲学入
门书，有趣又好读

艺术：让人成为人

人文学通识（第10版）

被誉为"最伟大的人文学教科书"，教你"成为人"